La politique sociale américaine
Les années Reagan

Dans la même collection :

Frédéric Lesemann

La politique sociale américaine
Les années Reagan

Maquette de couverture : Gérard Lo Monaco

La collection « Alternatives sociales », série « Synthèse », est animée par Monique Guyard, Jean-Marie
Gourvil, Martine Hallez, Pierre Jacob, Michel Legros,
Anne Potier, Marc-Henri Soulet, Michel Tachon, de
l'agence « Social en poche ».

Dépôt légal :
Bibliothèque nationale du Québec,
2e trimestre 1988
ISBN : 2 890 35100 9

Sommaire

Introduction

La politique sociale (1) façonne une société autant qu'elle est l'expression des arrangements institutionnels, toujours précaires, que cette société invente pour être en mesure de conserver sa cohésion, son identité, et d'innover tout à la fois. Que ce soit dans sa façon d'organiser la protection sociale, de définir la législation du travail et la réglementation des activités privées qui risquent d'altérer les conditions de vie de la population, ou d'orienter la fiscalité et, partant, la redistribution de la richesse, l'investissement productif, l'emploi, l'évolution de la famille, ou encore de développer des services sociaux, sanitaires, éducatifs pour prévenir et corriger les inégalités sociales, dans tout ce vaste éventail d'activités socio-économiques, la politique sociale reflète l'état du compromis social qui permet à une société d'exister, entre des intérêts en conflit pour le contrôle des orientations de cette société.

---

(1) C'est à dessein que j'utilise dans cet ouvrage le singulier plutôt que le pluriel — les politiques sociales — avec lequel le lecteur francophone est plus familier. Ce choix cherche à mieux traduire le sens anglo-américain de *Social Policy* qui, en référence à une série de « programmes sociaux » destinés à résoudre des « problèmes sociaux », renvoie à une conception d'ensemble des modalités de la régulation des rapports sociaux. La politique sociale est, dans cette perspective, un domaine constitué de connaissance, d'analyse et de recherche, ce qui cependant ne présume en aucune façon de la cohérence des interventions gouvernementales.

Une telle perspective d'analyse de la politique sociale invite donc à une lecture historique de sa constitution, c'est-à-dire de la reformulation constante du compromis social dont elle est l'expression. En d'autres termes, il n'y a pas de compréhension possible de la politique sociale comme mécanisme, parmi d'autres, à travers lequel une société se produit, sans mise en perspective, sans repérage dans le temps des étapes stratégiques où les conflits fondamentaux de la société parviennent à s'institutionnaliser. Il n'y a pas davantage de saisie possible, sans référence à l'espace géopolitique, au cadre juridique, à la forme d'État dans lesquels ces conflits se négocient.

Toute société industrialisée produit donc sa politique sociale à partir et en fonction de ses conflits spécifiques. Mais toutes les sociétés sont aussi profondément interdépendantes, participant des mêmes grands événements politiques, des mêmes récessions économiques, des mêmes changements démographiques et évolutions culturelles. Analyser la politique sociale américaine est bien sûr une démarche spécifique, mais on repérera sans doute à chaque page des éléments de ces débats qui traversent toutes les sociétés industrialisées, qu'il s'agisse de la légitimité de l'intervention de l'État dans la redistribution de la richesse et dans la lutte contre la pauvreté, ou de la privatisation des services publics et de la sécurité sociale, ou de la revalorisation du rôle des associations et des communautés, ou encore de la crise du professionnalisme ou du pouvoir des usagers des services. C'est l'objectif de cet ouvrage que de permettre au lecteur d'accéder à une information factuelle précise et critique sur la politique sociale américaine contemporaine, en la présentant de telle sorte qu'on puisse en comprendre l'avènement, mais aussi la portée bien au-delà des frontières du pays.

Même avant la fin de son deuxième mandat, on peut déjà affirmer que la présidence de Ronald Reagan aura été déterminante pour la politique sociale américaine, autant que l'ont été celles de Roosevelt, inspirateur du *New Deal,* il y a cinquante ans, et de Kennedy et Johnson, initiateurs, il y a vingt ans, de la guerre contre la pauvreté. Pour chacun de ces présidents, que ce soit au moment de la Dépression ou de l'apogée de la puissance économique des années soixante, ou encore du déclin industriel et politique actuel, la politique sociale aura toujours constitué un instrument majeur d'intervention économique et de mobilisation sociale. Elle est en effet explicitement associée à la pression des grands syndicats ouvriers qui ont amené l'administration Roosevelt, plus tardivement que dans les autres pays industrialisés, à jeter les bases du système de sécurité sociale ; elle est également associée au mouvement des droits civiques qui a incité les présidents Kennedy et Johnson à développer un ensemble de mesures économiques, éducatives, sociales, sanitaires pour combattre la pauvreté, perçue à la fois comme un scandale moral et une menace à l'impérieuse nécessité de l'intégration raciale ; elle est, dans les années quatre-vingt, liée à un autre mouvement social, celui des milieux d'affaires et des groupes conservateurs qui vont identifier dans la politique sociale une des grandes causes du déclin de la puissance industrielle américaine mais aussi de la « démoralisation » de la nation. L'administration Reagan est le porte-parole de ce mouvement. C'est pourquoi, dès le début des années quatre-vingt, la politique sociale se retrouve au cœur des grands débats de la politique intérieure américaine. Les conservateurs lui reprochent non seulement d'avoir exercé une ponction illégitime sur la richesse du pays qui a enrayé les mécanismes de l'épargne privée et de l'investissement productif, mais aussi d'avoir contribué à aliéner la population en favorisant sa dépendance économique, en lui faisant perdre le goût de l'effort et le sens de la liberté.

Cette idéologie joue un rôle prépondérant dans l'action de l'administration Reagan. C'est pourquoi cet ouvrage débute par sa présentation synthétique qui constitue un préalable à toute compréhension de ce qui se passe dans les États-Unis des années quatre-vingt. La seconde partie est consacrée au repérage des grandes étapes de constitution du système de la politique sociale et à l'identification des forces sociales qui y ont contribué ; le dernier chapitre présente une synthèse descriptive des principaux programmes sociaux en vigueur. La troisième partie porte sur les années Reagan et l'intervention de l'administration conservatrice dans le domaine de la politique sociale, saisie à partir d'une multiplicité d'indices : les réductions de programmes, la mise au pas de la main-d'œuvre, la décentralisation, la fiscalité et la privatisation des services et des équipements. Le plus souvent, seules les réductions de programmes sont retenues comme principal indice pour évaluer l'évolution de la politique sociale au cours des années récentes, démarche restrictive directement liée à une conception étroite d'une politique sociale confinée aux programmes sociaux. Ce type d'évaluation conclut généralement que l'impact des réductions a été moindre que la rhétorique présidentielle ne l'annonçait dans son zèle à vouloir diminuer la taille de l'État-providence. En travaillant à partir d'une définition beaucoup plus large de la politique sociale, incluant un examen de l'évolution de la réglementation du travail, de la répartition des pouvoirs entre les niveaux de gouvernements, de la fiscalité, des processus de privatisation des services, nos conclusions seront tout autres. Il ne fait aucun doute que l'administration Reagan a profondément et durablement modifié le consensus social des années soixante qui prévalait encore, quoique affaibli, lors de son entrée en fonction. Elle a changé le rapport de force entre les grands acteurs institutionnels de la société américaine, en consacrant systématiquement la primauté des intérêts du monde des affaires et des riches ; elle a scellé une transformation radicale du rôle de l'intervention de l'État dans la société. En synthèse de cette troisième partie, un bref chapitre consacré à la pauvreté permet de mesurer l'impact des politiques de l'administration Reagan sur ce quart de la population américaine qui, de l'avis quasi unanime des analystes, paie le prix de cette « révolution conservatrice ».

J'ai rédigé cet ouvrage dans le cadre de deux longs séjours de recherche à l'Université de Californie à Berkeley, en 1984-85 et en 1987, consacrés à l'analyse de la politique sociale reaganienne. L'information qu'il contient repose sur la lecture de la littérature spécialisée dans le domaine dont on trouvera une brève mention dans les notes et références, volontairement réduites, sur la lecture régulière du *Washington Post,* de *Newsweek,* de revues spécialisées, telles que *Social Policy, Social Problems, Social Work, Society, Public Welfare, Public Interest, Dissent,* sur des discussions avec des intervenants sociaux ou des collègues de Berkeley, dont Ralph Kramer, Harry Specht, Neil Gilbert et Paul Terrell que je remercie ici.

Comme le veut la formule consacrée, « les opinions exprimées ici n'engagent que l'auteur ». Cette précision est d'autant plus importante que la majorité des intellectuels qui travaillent dans le domaine de la politique sociale me semblent acquis, non aux thèses de l'administration Reagan, mais à l'idée de l'« inévitable retrait de l'État-providence ».

Première partie

L'emprise de l'idéologie conservatrice

Depuis le *New Deal* du président Roosevelt, en 1935, la pensée politique dominante aux États-Unis n'a cessé de considérer comme acquis et légitime le principe d'une vigoureuse intervention de l'État fédéral dans les affaires économiques et sociales du pays. L'élection de Ronald Reagan consacre la fin de cette évidence et illustre le changement du rapport des forces politiques en présence : les conservateurs, qui ont toujours reproché aux libéraux (1) leur a priori

(1) « Libéral » et « conservateur », deux termes aux multiples significations. Dans le contexte de la politique sociale américaine, qu'il suffise de préciser que « libéral » renvoie aux nombreuses politiques économiques et sociales qui, depuis le *New Deal,* ont consolidé le pouvoir du gouvernement fédéral, alors que « conservateur » réfère à la philosophie politique qui s'oppose à l'extension du rôle de l'État interventionniste, et prône un transfert de pouvoir vers les gouvernements locaux et les institutions de base de la société : communauté, famille. On retrouve les libéraux surtout parmi les démocrates et les conservateurs plutôt chez les républicains, mais les termes ne sont nullement équivalents.

favorable à l'intervention étatique fédérale, vont s'efforcer de changer le cours de l'histoire en clouant au pilori tout ce qui, en politique intérieure, symbolise cette intervention, qualifiée désormais d'insupportable ingérence. Deux secteurs, en particulier, attireront les foudres de l'administration Reagan : la sécurité sociale et le *Welfare* — c'est-à-dire l'ensemble des interventions reliées au soutien du revenu, à la redistribution fiscale, à la lutte contre la pauvreté et les inégalités socio-économiques —, et la réglementation du travail — santé et sécurité au travail, droit d'association syndicale, code du travail, salaire minimum, etc. La fiscalité constituera alors un des moyens privilégiés de réduction du rôle du gouvernement : en diminuant l'impôt fédéral, la capacité d'intervention étatique s'en trouvera d'autant limitée, laissant ainsi, bien sûr, davantage de pouvoir financier dans les mains des nantis pour favoriser, en principe, l'investissement et donc la relance de l'économie. Dans ce sens, le *Welfare* et d'une façon générale la réglementation du travail portent atteinte, dans la perspective des conservateurs, à l'initiative et à la liberté individuelles, à l'esprit d'entreprise et au droit d'entreprendre, à l'efficacité économique qui se révèle incompatible avec la poursuite d'objectifs de justice sociale tels que les ont du moins définis les libéraux qui ont partie liée avec l'extension des pouvoirs de l'État fédéral depuis cinquante ans.

1

Une présidence
« idéologique »

La présidence de Ronald Reagan a été qualifiée par un analyste conservateur de « première présidence ouvertement idéologique du XXᵉ siècle » (1). Pour saisir la portée de cette importante remarque, il faut savoir qu'aux États-Unis, l'exécutif se définit officiellement, en matière de politique intérieure, comme un *gestionnaire* de multiples politiques et programmes sectoriels, décidés par les élus, correspondant à autant de problèmes sectoriels à régler, c'est-à-dire d'intérêts particuliers conflictuels à harmoniser, à

(1) Nathan Glazer, « The Social Policy of the Reagan Administration », in *The Social Contract Revisited*, edited by Lee Bawden, Washington D.C., The Urban Institute Press, 1984, p. 221.

promouvoir ou à combattre. C'est pourquoi on le qualifie officiellement d'«administration », les ministres (non élus) ayant titre de « secrétaires ». La chambre des représentants (Sénat et Congrès) à Washington est d'abord le forum des intérêts locaux où chaque élu vient défendre les intérêts de ses commettants et s'associer à d'autres représentants dans des coalitions limitées et éphémères pour obtenir le passage de telle ou telle législation favorable aux intérêts particuliers de telle sous-région de son État, de tel sous-groupe de la population, de telle entreprise, telle association ou tel individu influent qui ont souvent contribué au financement de son comité électoral. On dépose plus de 25 000 projets de lois chaque année à Washington dont certains peuvent déterminer l'avenir de la planète, si l'on pense aux dépenses d'armement ou à l'expansion de l'exploitation de l'énergie nucléaire, et d'autres, l'avenir de telle parcelle de terrain du Dakota du Sud ou de telle entreprise de l'Arkansas qui grâce à telle loi particulière ou telle exemption d'application pourra accueillir un projet de construction fédérale, ou pourra obtenir tel contrat de fabrication d'un composant électronique commandé par le Pentagone. Washington est une immense bureaucratie, non pas seulement parce qu'elle est la capitale d'un immense pays, mais parce que ce pays s'est donné un système politique très centralisé auquel on demande d'intervenir dans toutes les sphères d'activité pour les réglementer.

Ainsi, pour être en mesure de se prononcer sur l'ensemble des dossiers qui leur sont soumis, pour prendre l'initiative de lancer certains projets de lois, sénateurs et députés disposent chacun d'équipes de spécialistes considérables variant de quelques dizaines à plus d'une centaine, selon l'importance de l'État qu'ils représentent pour les sénateurs ou selon la carrure politique et l'audience des *congressmen,* et bien sûr selon l'ampleur des ressources financières dont ils peuvent disposer. On estime ainsi que près de 20 000 secrétaires spécialisés, hommes de loi, analystes et stratèges sont directement employés par les bureaux des sénateurs et députés à Washington.

En dehors de l'arène politique formelle du Congrès et du Sénat s'activent des milliers de cabinets de *lobbyists* chargés par des intérêts privés d'entreprises, de gouvernements étrangers, d'associations économiques, culturelles ou professionnelles de plaider la cause de leurs intérêts particuliers, d'attirer sur eux l'attention des députés afin d'obtenir de l'appareil politique des décisions favorables ou de prévenir la passation d'une loi qui pourrait leur être désavantageuse. Ainsi toutes les associations d'intérêts américaines, tous les États américains, toutes les villes importantes ont pignon sur rue à Washington ; plusieurs gouvernements et compagnies étrangers s'efforcent de faire représenter et défendre leurs intérêts par des cabinets d'avocats spécialisés. Les activités des *lobbyists* ont connu un développement considérable au cours des dernières années et se sont transformées en une véritable industrie, ce qui fait dire à plusieurs que, sous la présidence de Reagan, le Congrès et le Sénat sont devenus, comme jamais auparavant, les otages du *lobby* des intérêts particuliers.

Gestion, négociation, arbitrage, ainsi fonctionne la politique fédérale, loin des débats d'idées, des programmes politiques des partis. De toute façon, ces derniers sont essentiellement des coalitions d'intérêts régionaux et d'intérêts économiques dont la force qui leur permettra de l'emporter dans le processus électoral repose d'abord sur la puissance des organisations locales et la capacité de définir quelques thèmes généraux de mobilisation nationale. Ce n'est donc pas un « projet de société », une tradition, un positionnement politique, encore moins une doctrine qui caractérisent un parti, mais plutôt la façon de négocier les contraintes concrètes du gouvernement, du développement économique, des inégalités sociales et raciales, dans le respect de la prévalence des intérêts privés.

Entre en scène Ronald Reagan et sa présidence « idéologique ». Après un demi-siècle, ou presque, d'intervention fédérale croissante en matière de politique intérieure menée le plus souvent, mais pas exclusivement, par des gouvernements démocrates, après vingt ans d'« arrogance libérale » (comme disent les conservateurs) qui prétend régenter le pays depuis Washington, changer par des interventions politiques ciblées les modes de vie, les modes de pensée, les aménagements des rapports entre sexes et entre races, arrive Ronald Reagan, le « grand communicateur ». Par une intervention essentiellement idéologique, il va bouleverser le paysage politique américain en parvenant à imposer la légitimité d'un « nouveau » cadre de référence de l'action gouvernementale. En fait, il s'agit d'une reformulation du vieux fonds d'idéologie conservatrice qui s'oppose à deux décennies d'activisme libéral.

2

L'idéologie conservatrice

Au cœur de cette idéologie, on retrouve bien sûr la liberté sacrée de l'individu qui, au-delà de toute autorité, demeure le meilleur juge de ses intérêts propres. De là découlent la valorisation de l'effort individuel, de la lutte pour la réussite économique individuelle, la célébration de la libre entreprise, la dénonciation de toute intervention gouvernementale qui aille au-delà d'une stricte garantie de respect des règles du jeu, la valorisation des pouvoirs diffus de la communauté locale et de la charité privée.

L'intervention de l'État devant toujours être minimale, réduite à des activités d'ordre juridique et administratif délimitant le cadre d'exercice des intérêts privés, toute prétention à changer l'ordre « naturel » des rapports sociaux, par exemple par une action redistributrice à travers la fiscalité ou les transferts sociaux, est illégitime et incompatible avec la souveraine liberté de l'individu. Cette conception exacerbée de l'individualisme, ancrée dans une défense séculaire de la « société civile » contre le pouvoir étatique fédéral, ne peut tolérer aucune redistribution de la richesse au nom du principe d'une solidarité médiatisée par l'État. Le président n'a-t-il pas rappelé dans son rapport économique de 1982 que la redistribution ne constitue pas une justification satisfaisante des programmes fédéraux d'imposition fiscale et de dépenses ? Car fondamentalement, pour les conservateurs, le revenu des taxes et de l'impôt appartient de plein droit aux individus et il faut constamment surveiller la tendance gouvernementale à se l'approprier. La décision du gouverneur républicain de la Californie, en juin 1987, de retourner aux payeurs de taxes 1,3 milliard de dollars perçus en trop est une excellente illustration de cette idéologie, dans le sens où ces surplus budgétaires proviennent de réductions de programmes sociaux, de programmes de santé et d'éducation et du veto opposé par le gouverneur à la décision du Congrès de Californie d'octroyer 740 millions de dollars au système scolaire de Californie qui dessert pour une part disproportionnée les populations les moins favorisées.

L'idée de communauté est également partie constitutive de cette idéologie. C'est elle qui permet de penser non pas l'intégration sociale et culturelle des différences individuelles, mais le regroupement volontaire des spécialités, la constitution d'un « nous » particulier, qui pourra alors s'inscrire dans la logique de la défense mutuelle et de la promotion des intérêts des individus membres de telle ou telle communauté.

L'image contemporaine probablement la plus palpable de cette réalité est celle du *neighborhood,* la communauté de voisinage, regroupement de défense d'intérêts de propriétaires ou de protection contre le crime, susceptible de faire pression sur la municipalité locale, la commission scolaire locale, voire le gouvernement de l'État, en particulier pour exercer un contrôle sur l'évaluation fiscale des propriétés ainsi que sur la hausse des impôts. La fameuse proposition 13 de Californie, qui a sonné le glas, en 1978, de toute possibilité pour l'État d'augmenter ses revenus par le recours à la hausse de l'impôt foncier, et qui s'est étendue à la plupart des autres États américains, prend sa source dans le pouvoir des communautés de voisinage. Un autre exemple de communauté est celui du milieu des affaires. La *business community* de telle ville ou de tel secteur se rencontre régulièrement au sein des « groupes sociaux » — Lions, Rotary, Kiwanis Club — construisant autour d'un repas, d'une conférence, d'une action de bienfaisance ces liens économiquement si efficaces et cette culture commune qui permettra la reconnaissance des intérêts mutuels bien compris. La démocratie conservatrice fonde sa légitimité sur l'individu, sujet libre et dépourvu de toute attache institutionnelle, et sur cette appartenance communautaire comme véhicule des volontés individuelles.

Ce que les conservateurs reprochent aux libéraux, avec la véhémence d'un sentiment de trahison, d'usurpation, c'est d'avoir ouvert la voie du recours au gouvernement central comme instrument de création d'une grande « communauté », dénaturant du même coup la seule « vraie » communauté, celle de l'environnement immédiat, au plus celle du gouvernement local. Vision politique perverse parce qu'elle tente d'inverser le mouvement naturel de la communauté vers l'État pour modeler de toute pièce une nouvelle société dans une uniformité imposée de Washington et allant souvent à l'encontre des dynamiques locales établies. C'est pourquoi le reaganisme se présente comme une œuvre de restauration de l'âme véritable de l'Amérique (1). Nationalisme antigouvernemental, individualisme communautaire, libre entreprise caractérisent cette idéologie dans laquelle le gouvernement central est décrit comme une force étrangère à la nation américaine, carrément illégitime. L'Amérique n'est pas Washington, mais bien ces millions d'individus, cette myriade de communautés que relie le partage d'un rêve commun, celui de la promesse illimitée de la réussite possible dans la liberté. Washington est en ce sens le symbole de l'inefficacité, de l'aberration bureaucratique, l'empêcheur de tourner en rond, le grand responsable de la transformation du « rêve américain » en cauchemar.

Cette idéologie exprime un rejet radical de tout l'effort technocratique de construction d'une rationalité de l'action gouvernementale telle qu'elle s'élabore vers le milieu des années soixante, à partir des modèles de la gestion du Pentagone confiée à Robert McNamara, sous la forme du fameux PPBS (*Planning, Programming, Budgeting System* — la RCB française). Le PPBS allait devenir, sous son influence, le modèle de gestion non seulement de l'ensemble des administrations fédérales, mais aussi des gouvernements locaux (2). Le *social engineering,* la prétention à planifier le changement social, est dès lors considéré comme l'instrument de perversion du génie américain. Ce rêve

---

(1) Hugh Heclo, « Reaganism and the Search for a Public Philosophy », in *Perspectives on the Reagan Years,* edited by John L. Palmer, Washington D.C., The Urban Institute Press, 1986, p. 38.
(2) Voir à ce sujet le chapitre 3 : « L'Amérique de la décision ou le rêve de la rationalité » de l'ouvrage de Michel Crozier, *Le mal américain,* Paris, Fayard, 1980.

de rationalité étatique et le « rêve américain » sont antithétiques. Les bonnes intentions des planificateurs conduisent aux pires perversions car la recherche de la meilleure solution possible déterminée rationnellement n'est que l'expression des intérêts égoïstes de ceux qui maîtrisent le processus de la rationalité, et il s'oppose en ce sens à la fameuse « main invisible » d'Adam Smith qui découvre que l'intérêt de tous découle finalement, naturellement et involontairement, de la recherche par chacun de son intérêt particulier. Le « laisser-faire » est absolument préférable à l'interventionnisme dans les affaires intérieures de la nation : *Don't just do something, stand there.* Le moins possible d'intervention gouvernementale est toujours la meilleure solution. L'attitude même du président traduit ce rapport de détachement à l'égard des affaires de l'État : refus d'être impliqué dans les dossiers, de les connaître en profondeur, refus d'innover, de planifier, absence de prétention à résoudre les problèmes sociaux, contrastant ainsi avec les présidences démocrates qui s'épuisent à tenter de répondre à des promesses et des attentes innombrables.

C'est un comportement pervers des libéraux, aux yeux des conservateurs, que de toujours chercher ce qui ne va pas dans les affaires du pays — alors que la vraie menace est extérieure. « *We want government to get out of the business of aiding the poor* », « nous voulons que le gouvernement cesse de se mêler d'aider les pauvres », déclare l'un des spécialistes conservateurs des questions de pauvreté, Nathan Glazer. En démantelant l'appareil gouvernemental fédéral, en interrompant le flux des impôts, en réduisant les programmes de transferts et de services, en laissant croître un déficit budgétaire gigantesque, on sape à la base toute tentative libérale de lancer de nouvelles initiatives, qu'elles viennent du Congrès — à majorité démocrate — ou même d'éventuels futurs gouvernements démocrates ; on crée une pression budgétaire qui rend quasi irréversible le processus de réduction de l'intervention gouvernementale en matière de politique sociale. Davantage, en renvoyant la plupart des programmes sociaux au niveau des États ou au niveau local — situation qui prévalait jusqu'au *New Deal* — et en rendant en même temps, fait nouveau, non déductible de l'impôt fédéral l'impôt payé aux États par les contribuables (voir 3e partie, ch. 3 et 4), on crée une pression considérable sur les États. Ceux-ci ont à faire face aux révoltes des payeurs de taxes qui se perçoivent désormais beaucoup plus explicitement qu'avant les pourvoyeurs directs de la subsistance des « laissés pour compte ». Le « laisser-faire » reaganien est donc une véritable stratégie politique de démantèlement d'une bonne partie d'un appareil fiscal et bureaucratique fédéral construit depuis un demi-siècle, et surtout depuis vingt ans.

Cet appareil porte présumément l'odieux d'avoir anémié la fibre morale de la nation américaine en instituant la dépendance à l'égard des prestations gouvernementales et en affaiblissant, par conséquent, le sens de l'obligation morale faite à la famille, à la communauté, à ses associations bénévoles et à ses membres les plus dynamiques, les hommes d'affaires, de soutenir ses membres les plus fragiles. Cette « nation de communautés » doit donc pouvoir retrouver son sens spontané de l'entraide, réapprendre à faire le bien, pratiques qui ont été dépravées par l'idéologie libérale des droits au nom de laquelle ont été instituées les politiques de lutte contre la pauvreté, d'action positive *(« affirmative action »)* pour les minorités et pour les femmes, les quotas garantissant une représentation adéquate des minorités et des femmes dans l'emploi public, toutes pratiques qui altèrent l'ordre naturel de la vie. Il n'y a donc pas de légitimité pour un gouvernement qui prétend apporter le bonheur par des énoncés de droits, des pratiques de redistribution financière et des services bureaucratiques. Le gouvernement ne peut que garantir à chaque individu les conditions juridiques nécessaires à la réalisation de son propre bonheur qui ne dépend que de lui. L'individu ne doit et ne peut rien attendre du gouvernement en matière de soutien matériel ou d'aide personnelle car le gouvernement n'a pas d'obligation à son égard.

Seul le travail constitue une source légitime de revenu pour l'individu. Le marché et la libre entreprise sont les principaux mécanismes légitimes de régulation de la société et la responsabilité du gouvernement est avant tout de protéger la relation juridique de l'individu productif avec l'entreprise privée, pierre angulaire de la société. Dans ce sens, les conservateurs considèrent le chômage comme un phénomène volontaire de la part de la grande majorité des sans-emplois car il ne dépend que d'eux de faire des concessions nécessaires — en termes de conditions de travail — pour retrouver de l'emploi, dût-il être temporaire et mal rémunéré. Mais voilà, et l'on retrouve immédiatement la critique de la protection sociale assurée par l'État et par les syndicats, les travailleurs ne sont pas prêts à faire des concessions car l'assurance-chômage, l'aide publique, permet à beaucoup de se montrer critiques à l'égard de l'emploi disponible et de différer souvent le retour au marché du travail.

3

Une stratégie populiste

Chacun des deux grands partis américains est essentiellement une coalition de groupes d'intérêts qui est demeurée relativement stable pendant près d'une cinquantaine d'années, mais dont la présidence de R. Reagan marque une importante évolution. Les démocrates ont traditionnellement réuni les minorités raciales — en particulier les Noirs du Sud et des métropoles du Nord-Est — et ethniques des vagues successives d'immigration, qu'il s'agisse des Irlandais, des Italiens, des Juifs ou encore des Hispaniques. Ils ont également longtemps représenté les intérêts de la classe ouvrière américaine syndiquée de la grande industrie du Nord-Est et, plus récemment, une nette majorité de femmes. Tous ces groupes dépendent considérablement de l'intervention et de la protection étatique, tant de niveau fédéral que local, et ils ont grandement bénéficié de la gestion des administrations démocrates qui a contribué directement à forger, à partir de cette mosaïque, la classe moyenne américaine. Celle-ci doit en effet être définie autant par son pouvoir de consommation et son niveau de vie économique, que par sa capacité d'influencer le système politique avec lequel elle a tissé des liens de profonde interdépendance.

Les républicains, quant à eux, ont toujours réuni les *White Anglo-Saxon Protestants,* l'élite financière et industrielle du Nord-Est, mais aussi des entrepreneurs et des pétroliers du Texas et de la Californie. C'est le parti du grand business, des riches et des Blancs, parti qui représente de façon croissante depuis 1950 les intérêts des plus fortunés. La grande force des républicains a été, au cours des années soixante-dix, de transformer leur idéologie conservatrice traditionnellement élitiste en une idéologie conservatrice populiste. Ils allaient parvenir ainsi à élargir leur base électorale et à établir une coalition large de groupes sociologiquement et économiquement très hétérogènes, dont Ronald Reagan pourrait devenir le porte-parole incontesté. Cette orientation populiste de l'idéologie conservatrice est le produit de l'alliance entre l'appareil du parti républicain, le milieu des affaires et les groupes de la « nouvelle droite idéologique », en particulier de la « *Moral Majority* ». Le reaganisme, en tant qu'expression de cette coalition, prônera la prière dans les écoles, la lutte contre la libéralisation de l'avortement, contre l'*Equal Rights Amendment* qui inscrirait dans la constitution américaine l'égalité des hommes et des femmes, contre l'*Affirmative Action* et les quotas, contre les politiques de redistribution fiscale, contre le *busing,* cette politique qui consiste à transporter les élèves dans des écoles extérieures à leur quartier, en vue de favoriser l'intégration raciale, toutes pratiques considérées comme autant d'excès du libéralisme démocrate.

Cet appel aux valeurs traditionnelles trouve un écho favorable dans une grande partie de la classe ouvrière blanche excédée de financer le *Welfare* des Noirs, menacée par l'émancipation des femmes, et dans la classe moyenne inférieure dont la position économique s'est nettement détériorée au cours des dix dernières années. Il résonne également dans les États du Sud — de la Virginie au Texas, en passant par la Géorgie et le Mississippi — qui forment ce qu'on appelle la *Bible Belt,* la « ceinture de la Bible ». Ce sont des États à forte densité de population noire, parmi les plus pauvres du pays, dans lesquels les sectes protestantes fondamentalistes exercent une emprise morale et politique considérable. La famille, le *neighborhood,* la défense de la loi et de l'ordre constituent les valeurs fondamentales de ces classes populaires qui construisent une identité idéologique commune autour d'une observance littérale des préceptes bibliques tels qu'ils sont enseignés par des évangélistes rodés aux techniques modernes de communication. Plusieurs ont bâti de véritables empires financiers. Leurs liens avec les groupes politiques conservateurs sont explicites et certains d'entre eux interviennent directement dans la vie politique pour soutenir Reagan, la cause des *contras* nicaraguayens, ou défendre le régime de l'apartheid en Afrique du Sud. La mobilisation idéologique est telle que, dans plusieurs États de la *Bible Belt,* les groupes fondamentalistes parviennent à jouer un rôle décisif dans la victoire ou la défaite électorale d'un candidat en provoquant une polarisation de l'élection sur un seul enjeu idéologique, par exemple la prière dans les écoles ou le droit à l'avortement, au détriment de toute autre question politique ou économique.

Cette stratégie s'étend même à l'échelle nationale et elle a par exemple un impact considérable sur les candidats à la présidence dont la position sur la question de l'avortement ou de la prière dans les écoles peut être plus déterminante que leur programme économique ou fiscal. La prévalence de ces enjeux idéologiques ouvre la voie à cette « présidence idéologique » de Ronald Reagan, fondée sur une dissociation systématique entre l'analyse de la réalité économique et politique laissée aux experts et la représentation idéologique de cette réalité à destination du public, dans laquelle excelle le président. Tout son charisme tient dans cette capacité de « présenter la résurrection du passé comme une promesse pour le futur » (1).

---

(1) Garry Wills, *Reagan's America : Innocents at Home*, New York, Doubleday, 1987.

Deuxième partie

La constitution de la politique sociale aux États-Unis

La politique sociale est inscrite au cœur des sociétés industrialisées.

Deux présidences ont contribué, plus que les autres, à bâtir le système de protection sociale aux États-Unis, celle de Roosevelt (1933-1945) et celle de Johnson (1964-1968). Ce système s'est en effet constitué en deux temps bien distincts qui lui ont conféré des caractéristiques qui perdurent aujourd'hui et qu'il faut garder en mémoire pour apprécier la portée et la signification de l'intervention reaganienne. Par le *Social Security Act* de 1935, le cadre général des programmes de transferts de revenus a été mis en place. Il est caractérisé par son rapport à la vie de travail et aux risques qui y sont inhérents. En 1964, l'*Economic Opportunity Act* consacre le projet d'éradication de la pauvreté, quelle qu'en soit la cause, indépendamment du rapport à l'expérience de travail. Travail et pauvreté constituent deux expériences du rapport à la société complètement différentes : la première, non pas tant par sa contribution à la croissance économique du pays que par la preuve d'indépendance économique du travailleur dont elle témoigne, est légitime et valorisée ; il est normal de toucher une pension que l'on a soi-même gagnée, dût-elle transiter par la bureaucratie publique, ou d'être protégé contre les conséquences des accidents du travail. La seconde, en revanche, par la dépendance institutionnelle dont elle témoigne, l'échec individuel dont elle est le signe, est beaucoup moins légitime. Les objectifs de rattrapage, de réintégration et de prévention sociaux et économiques des politiques qui cherchent à combattre la pauvreté seront exposés à de vives critiques dans un pays habitué à dissocier conditions de travail, chômage et pauvreté. Celle-ci évoque plutôt la paresse, l'instabilité personnelle, l'incompétence ou la complaisance dans l'état de dépendance.

La sécurité sociale est une institution perçue positivement par la majorité des Américains. La classe moyenne en particulier y est profondément attachée. Toute tentative d'en limiter les bénéfices suscite immédiatement une résistance suffisante pour faire reculer même le plus conservateur des gouvernements pourtant voué à l'élimination des programmes sociaux. En revanche, le *Welfare*, associé de façon restrictive à la pauvreté, a une connotation a priori nettement péjorative, d'autant plus qu'il a entraîné la mise sur pied d'une importante bureaucratie de services. Il représente donc une cible toute désignée à la vindicte conservatrice. C'est dans ce secteur, en effet, que l'administration Reagan procédera à des réductions majeures.

Les chapitres qui suivent vont nous permettre de repérer les principales caractéristiques et d'identifier les grandes étapes de la constitution des deux composantes de la politique sociale aux États-Unis. Cette démarche permettra de dresser un tableau synthétique des divers programmes de la protection sociale.

1

L'avènement de la
sécurité sociale

Jusqu'aux années trente, les États-Unis ne connaissent à peu près aucun système organisé de protection sociale. Ce sont surtout les églises, la charité privée, les machines politiques des partis dans les grandes villes, quelquefois les gouvernements municipaux qui se chargent de fournir l'aide directe, que ce soit sous forme de nourriture, de combustible ou d'accès à de petits travaux rémunérés en échange desquels l'organisation politique locale entend gagner le vote des pauvres. Dans certains quartiers urbains d'immigration, les organisations ethniques exercent la solidarité et procurent des emplois. Dans les années qui précèdent la Dépression, la plupart des États vont adopter des lois d'indemnisation des accidentés du travail et, pour certains d'entre eux, de rentes pour les veuves, les orphelins et les personnes âgées. On constate une tendance croissante des États à prendre en charge une partie des responsabilités locales en matière de protection sociale.

Avec la crise de 1929, le lien entre l'absence de travail disponible et la pauvreté devient évident, affaiblissant sérieusement, du même coup, l'idéologie de la responsabilité individuelle à l'égard de la pauvreté. Il faudra tout de même près de six ans, 25 % de chômage, l'élection d'un nouveau président en 1933 pour que l'État prenne formellement le relais des ressources privées et locales dans l'exercice de la protection sociale.

L'action de l'administration Roosevelt comprend quatre domaines majeurs d'intervention qui vont grandement contribuer à la création du fameux *Big Government* fédéral, indissociable du *New Deal,* cette « nouvelle donne » que le futur président propose aux Américains lors de sa campagne électorale de 1932.

Dans le domaine du travail, d'abord, le *Wagner Act* adopté en juillet 1935 reconnaît la nécessité de l'existence des syndicats dans l'exercice des relations de travail, ainsi que le droit aux conventions collectives de travail comme moyen d'assurer des salaires décents et de limiter l'arbitraire patronal. Ainsi est, en principe, mis fin aux pratiques des *closed shops* (contrats de syndicalisation avant embauche) et des syndicats de boutique.

Dans le domaine économique, des mécanismes de contrôle des pratiques financières et boursières sont établis, en même temps qu'une réglementation serrée de la constitution des monopoles commerciaux ou financiers.

En ce qui concerne la sécurité sociale, deux programmes majeurs d'assurance voient le jour : un régime d'assurance-vieillesse (*Old Age Survivors Insurance - OASI*) dont l'éligibilité et le niveau de prestations sont directement reliés aux cotisations payées, à part égale, par les salariés et les employeurs, et non pas déterminés en fonction des besoins ; un régime d'assurance-chômage qui, dans la grande majorité des États, est exclusivement financé par une cotisation patronale. Les travailleurs domestiques et les travailleurs agricoles — c'est-à-dire la majorité des Noirs qui, avant la guerre, ne sont que peu intégrés à la production industrielle — sont exclus de la sécurité sociale. Il faut bien comprendre que dans leur intention originale, ces deux programmes ne relevaient nullement d'une philosophie de socialisation des risques. Ils furent au contraire présentés au Congrès comme des programmes conservateurs qui permettraient ultimement d'abolir la nécessité des programmes d'assistance publique pour les pauvres, parce que les travailleurs auraient été incités à se protéger eux-mêmes contre les risques d'invalidité, de décès prématuré, de retraite, principales sources de pauvreté pour eux-mêmes et pour leur famille.

La proposition de loi originale incluait un volet d'assurance-maladie que la pression des compagnies privées d'assurance et des associations médicales parvint à éliminer, en sorte qu'aujourd'hui encore les États-Unis sont, avec l'Afrique du Sud, le seul pays industrialisé à ne pas connaître de système universel d'assurance-maladie. Nous y reviendrons.

La même loi de la sécurité sociale comprend encore trois programmes d'assistance sociale de moindre portée politique et financière, destinés respectivement aux personnes âgées, aux aveugles et aux enfants à charge dont l'accès est établi en fonction du niveau de revenu des bénéficiaires. Le programme d'assurance-vieillesse est géré par le gouvernement fédéral, celui d'assurance-chômage par les États. Les programmes d'assistance, eux, sont financés conjointement par le fédéral et les États, et gérés à la fois par les États et les pouvoirs locaux.

Des programmes de grands travaux publics, de construction de logements publics, de rénovation urbaine, qui tous permettent de mettre au travail un grand nombre de chômeurs, sont créés. Ces programmes respectent les principes de l'éthique du travail : pas d'aide publique sans contrepartie de travail de la part des bénéficiaires.

Dans le domaine fiscal, Roosevelt intervient très vigoureusement, principalement en raison de l'effort de guerre, mais également en fonction de l'impérieuse nécessité de financer la nouvelle loi de la sécurité sociale et les programmes de travaux publics. Il faut savoir que l'impôt fédéral n'a été établi qu'en 1913 et qu'il est resté très limité jusqu'à la fin des années trente, lorsque le président l'a utilisé comme un instrument de redistribution très étendu dans une loi de 1942 considérée comme la plus grande loi fiscale de l'histoire. Le taux d'imposition varie de 6 % à 82 % pour les revenus de plus de 200 000 $, et les revenus de 1000 $ par ménage sont déjà imposables. Alors qu'on recensait à peine 3 millions de contribuables en 1933, lorsque le président entra en fonction, on en comptait plus de 50 millions en 1945. L'impôt était devenu un véritable instrument d'intervention économique et sociale avec la ponction de 22 milliards qu'il opérait sur les revenus des individus et des ménages en 1945. Un impôt sur les bénéfices des sociétés de 40 % avait également été établi dès 1941.

Il ne fait rétrospectivement aucun doute que l'instauration d'un régime fédéral d'imposition des revenus des particuliers et des entreprises a été l'innovation la plus importante de l'administration Roosevelt dans le domaine de la politique sociale. Elle a consacré la création d'un gouvernement fédéral puissant, provoquant un déplacement majeur de pouvoir des États vers l'État central, ce dernier disposant désormais de tous les instruments législatifs et fiscaux nécessaires à l'exercice d'un rôle politique et économique déterminant. On a souvent décrit ce processus de concentration des pouvoirs comme une usurpation de l'autorité des États, sinon une trahison de la tradition politique américaine. Il faut cependant rappeler qu'au moment de la Dépression des années trente, les États s'étaient fiscalement effondrés et qu'ils étaient dans l'impossibilité de fournir l'assistance de base aux nécessiteux. En outre, l'emprise des pouvoirs locaux traditionnels sur les municipalités et les États était telle qu'elle rendait impossible toute réforme de la fiscalité qui aurait contribué à leur fournir une marge de manœuvre significative.

Avec le développement spectaculaire de l'appareil fédéral, des intellectuels en nombre croissant sont associés à l'élaboration et à la gestion de la politique américaine. Le président s'entoure d'un *brain trust* qui contribuera à forger une philosophie d'intervention politique qui s'éloignera des conceptions conservatrices véhiculées par les milieux d'affaires. L'État fédéral apparaît de plus en plus comme un levier d'intervention stratégique dans la relance de l'économie, dont la politique sociale et la politique fiscale constituent des instruments privilégiés. Enfin, au plan de la politique partisane, les travailleurs, leurs syndicats, les chômeurs, les immigrants, les déshérités n'oublieront pas que c'est une administration démocrate qui, au royaume de la libre entreprise, a forcé la reconnaissance de leurs droits, l'instauration de mécanismes de protection de base et de secours élémentaires. L'alliance de ces groupes avec le parti de Roosevelt sera scellée pour un demi-siècle.

Les normes sociales et fiscales du *New Deal* servent donc d'assises à l'État-providence américain. Il est dès maintenant important de noter que toutes les caractéristiques du *New Deal* qui ont été soulignées — création de programmes sociaux d'assurance et d'assistance, reconnaissance du syndicalisme, réglementation économique, développement de la fiscalité, caractère redistributif de la fiscalité, centralisation des pouvoirs, création d'une administration gouvernementale puissante, rôle croissant des intellectuels, rôle déterminant de l'État dans la relance économique — sont exactement celles dont Reagan va prendre le contre-pied cinquante ans plus tard. C'est pourquoi, pour comprendre le rôle du reaganisme dans la reformulation de la politique sociale américaine, il était indispensable de le situer d'emblée dans la perspective des réalisations du *New Deal*.

2

La guerre contre la pauvreté

Peu d'événements marquent la politique sociale entre les moments fondateurs que sont la loi de la sécurité sociale de 1935 et la loi sur la fiscalité de 1942, et la loi sur l'égalité des chances économiques de 1964, sinon un élargissement constant du champ d'application de la sécurité sociale à de nouvelles clientèles, dont les handicapés en 1951. Ces programmes qui constituent la base de la politique du maintien du revenu de l'État-providence voient leurs coûts augmenter régulièrement au cours de cette période, amenant du même coup le gouvernement fédéral à jouer un rôle sans cesse croissant dans la politique sociale.

Au moment de l'entrée en guerre des États-Unis, les dépenses pour la sécurité sociale ne représentaient que 2,3 % du PNB. En 1965, peu après le déclenchement de la guerre contre la pauvreté, le pourcentage avait atteint 5,1 points, en 1975, 10,6 et en 1980, 11,6 du PNB, soit l'équivalent de 1500 $ pour chaque citoyen américain, enfants compris. Ce sont les décisions politiques qui sous-tendent ces chiffres et les événements qui les ont engendrées que nous analyserons maintenant.

Une innovation radicale

La guerre contre la pauvreté consiste en cet ensemble de mesures économiques, éducatives, de création d'emplois, de formation pour les jeunes, les femmes, les défavorisés, d'animation et de mobilisation sociales des quartiers pauvres, d'extension des programmes et des politiques de transferts monétaires existants à de nouvelles catégories de personnes considérées désormais éligibles parce que leurs revenus sont inférieurs à un seuil fixé (le fameux « seuil de la pauvreté » (1)), que le président Johnson promulgua en 1964 dans le cadre de l'Economic Opportunity Act. Par cette loi, l'État-providence américain innovait radicalement. Son intervention sortait des

_____

(1) Le « seuil de pauvreté » est établi à partir de l'évaluation du coût d'achat minimal de l'alimentation de base, en fonction du nombre de personnes à nourrir au sein d'une famille, multiplié par trois, puisqu'il a été établi qu'une famille de revenu moyen consacre environ un tiers de ses dépenses à l'achat de nourriture. Le seuil est révisé annuellement en fonction de l'indice des prix à la consommation. Les prestations en nature, telles que les « bons d'alimentation » ou les soins de santé *(Medicaid)* accordés à certaines catégories de personnes pauvres (voir deuxième partie, chapitre 4), ne sont pas prises en considération dans l'évaluation du revenu.

limites de la stricte protection garantie par la sécurité sociale à ceux qui contribuent explicitement à l'existence du système par leur travail, pour s'avancer sur le terrain, totalement nouveau pour l'État fédéral, de la prévention, de la réinsertion sociale, de l'éducation politique, de la réhabilitation, bref, du rattrapage économique, culturel et civique de communautés entières définies par leur exclusion sociale. Dans cette perspective, la pauvreté était beaucoup plus qu'une dépendance économique. Elle exigeait une stratégie curative et non plus des mesures d'aide charitable ; on voulait s'attaquer aux causes et non seulement aux conséquences.

Kennedy avait déjà amorcé la lutte contre la pauvreté avec la loi des zones de développement urbain de 1961 et la loi de la formation de la main-d'œuvre de 1962, influencé qu'il était par l'un de ses conseillers économiques, John Kenneth Galbraith. Celui-ci avait publié en 1957 *The Affluent Society (La société d'abondance)* qui soulignait la persistance de la pauvreté au sein d'une société riche. Il faisait la distinction, dans cet ouvrage, entre deux types de pauvreté : la pauvreté de certains individus *(case poverty)* — reliée à l'âge, au faible degré de scolarisation sinon à l'analphabétisme, à l'absence de qualification professionnelle, au mauvais état de santé, à la discrimination raciale — qui les empêchait d'avoir leur part de l'état de prospérité générale ; l'autre type de pauvreté était le fait de régions entières *(area poverty)* en déclin économique comme l'étaient alors les régions des Appalaches et de la Virginie de l'Ouest.

Johnson parvint à faire adopter par le Congrès la loi des droits civiques au début de 1964, mais il était évident que l'égalité des droits resterait lettre morte si des mesures concrètes n'étaient prises pour garantir une égalité des chances économiques. Car ceux à qui était dénié l'exercice de leurs droits fondamentaux étaient bien entendu ceux-là mêmes qui étaient pauvres. Dès lors, la notion de « pauvreté », dans le contexte de la philosophie des droits et de l'égalité des chances, allait permettre de définir conceptuellement un objet de connaissance, d'unifier une série de mesures d'intervention publique, alliant prestations et services. Elle exprimait ce grand dessein : parvenir à hisser des millions de personnes privées de ressources matérielles, de compétences par rapport au marché du travail, à un « seuil » non seulement monétaire, mais d'aptitude à participer à la force de travail et à élever une famille, qui leur permettrait d'affronter le marché du travail à armes égales, à « capitaux » égaux avec la majorité de la population. La notion de pauvreté des années soixante se réfère directement à une reconnaissance d'une profonde dualisation de la société. La pauvreté n'est plus strictement affaire individuelle ; elle affecte des groupes entiers et l'État se doit, pour des raisons économiques et de sécurité (nous y reviendrons), d'assurer l'intégration de ces populations en brisant le « cercle vicieux de la pauvreté », cette « culture de la pauvreté » qui semble se transmettre de génération en génération et empêcher les pauvres de participer activement, c'est-à-dire de façon productive, à la société. Travail de longue haleine, sans doute, mais qu'on prévoyait pouvoir réaliser en une génération, moyennant un contexte économique favorable et une intervention publique concentrée et massive. Bref, un véritable effort de guerre.

Celui-ci comprenait les principales mesures législatives suivantes, adoptées en 1964 et 1965 :

— un programme de coupons d'alimentation (*Food Stamps*) pour lutter contre la malnutrition chronique des populations défavorisées ;

— une loi relative à l'éducation primaire et

secondaire qui, destinée principalement aux commissions scolaires locales à forte concentration de populations pauvres, allait devenir la principale loi de financement de l'éducation par le gouvernement fédéral ;

— une loi d'assurance-maladie pour les personnes âgées (*Medicare*) ;

— une loi d'assistance-maladie pour les bénéficiaires de l'aide sociale (*Medicaid*) ;

— une série de programmes de formation de la main-d'œuvre, en particulier jeune : le *Job Corps,* s'adressant aux jeunes les plus durs des ghettos que l'on retirait de leur environnement urbain pour les regrouper dans des camps de formation professionnelle et d'apprentissage scolaire en milieu rural ; le *Neighborhood Youth Corps,* qui s'adressait à des jeunes davantage prêts à soutenir une démarche de scolarisation en lien avec des emplois à temps partiel financés par le gouvernement fédéral ; le programme *Volunteers in Service to America* (VISTA), réunissant des jeunes qui, à l'image du *Peace Corps,* accomplissaient du travail de développement et de soutien dans des zones défavorisées plutôt qu'à l'étranger ;

— un programme de services légaux gratuits pour les pauvres afin de les assister dans des litiges relatifs au montant des loyers, à l'application des règlements du *Welfare,* à la signature de contrats de ventes, au règlement de dettes, à des délits mineurs, etc. ;

— un programme de développement préscolaire (*Head Start*) devant permettre aux enfants pauvres de combler des déficits d'apprentissage avant leur entrée à l'école primaire ;

— un programme de développement économique spécial pour la région des Appalaches.

C'était donc un ensemble très complet de mesures destinées à combattre la pauvreté au niveau de la communauté, par les moyens de services directs, de programmes de développement économique et social visant tant la modification des conditions de vie que la modification des comportements.

Les programmes de services furent coordonnés par l'*Office of Economic Opportunity* (OEO) qui innova également en mettant sur pied un programme d'action communautaire. Celui-ci devint pour quelques années le fer de lance des programmes de lutte contre la pauvreté, avant d'être sévèrement critiqué et bientôt interrompu. L'ensemble des programmes devait en effet être coordonné au niveau local par des « agences d'action communautaire » dirigées par un conseil de représentants des divers niveaux de pouvoirs publics, de représentants du monde des affaires, des syndicats, des églises, d'organisations civiques, et de représentants des pauvres. Un centre communautaire, incluant des services de santé, de garderie, de recherche d'emploi, était généralement établi dans les quartiers désignés et le personnel professionnel tentait de coordonner les divers services locaux : école, emploi, *Welfare*, habitation, santé, en se faisant le plus souvent l'avocat des intérêts des pauvres. En outre, la participation des pauvres à la prise en charge des affaires communautaires était activement recherchée, à la fois comme pédagogie, mais aussi comme mécanisme de défense d'intérêts. La loi elle-même prévoyait « la plus grande participation possible » (*Maximum Feasible Participation*) des résidents. Mobiliser les pauvres pour transformer la communauté devint ainsi un objectif légitime qui eut ses répercussions tant sur les conseils municipaux que sur le fonctionnement de plusieurs services au niveau des États et des agences fédérales.

Il faut bien comprendre que ces ressources professionnelles et ces équipements nouveaux avaient été établis par décision fédérale en court-circuitant complètement les pouvoirs des États jugés en grande partie responsables de la situation de pauvreté qui affectait en 1965 près du cinquième de la population américaine. Or, on s'aperçut rapidement qu'on ne pouvait déverser 300 millions de dollars — comme ce fut le cas pour l'année fiscale 1965 — pour des projets d'action communautaire dans plus de 1000 villes américaines, ayant pour consigne « la plus grande participation possible » des membres de la communauté, sans que l'initiative échappe à ses promoteurs. Il n'est pas étonnant, dans ces conditions, que le gouvernement fédéral, perdant le contrôle de la situation, et sous la pression de députés, de maires, de représentants d'associations locales diverses qui voyaient leur autorité contestée par des organisations directement financées par les programmes fédéraux, ait été de plus en plus réticent à poursuivre l'expérience. Les budgets de l'OEO, après avoir culminé en 1969, déclinèrent rapidement sous l'administration Nixon. L'OEO fut finalement aboli en 1974. Cette expérience avait été cependant déterminante, comme nous allons le voir, et sa signification dépassait largement les limites strictes de la politique sociale américaine.

Avec le recul, la croyance dans la capacité de régler définitivement le problème de la pauvreté — à condition qu'on y consacre les ressources financières que son ampleur nécessite, qu'on en approfondisse la connaissance scientifique et qu'on parvienne à susciter une véritable mobilisation nationale en vue de son éradication — ne laisse pas de surprendre à la fois par son ambition et par sa naïveté. Le président Johnson n'avait-il pas déclaré lors de la signature de la loi : « Aujourd'hui, pour la première fois dans l'histoire de l'humanité, une grande nation a les moyens et la volonté de s'engager à éradiquer la pauvreté qui afflige certains de ses membres » ? Cette croyance est du même ordre et de la même veine impériale que celle qui, à la même époque, planifiait le développement des pays « sous-développés » dans le cadre de programmes d'aide financière, d'implantation technique et industrielle, de développement rural et communautaire, ou encore prétendait conjurer militairement la « menace communiste » au Viêt-nam. C'est dans chaque cas la même bonne conscience d'une civilisation du progrès, de la rationalité et du positivisme triomphants. Quelles sont les conditions de l'époque qui rendaient possible la formulation de tels objectifs d'intégration économique, sociale et culturelle ? Leur rapide examen permettra de mesurer le chemin parcouru, le changement de perspectives survenu en une vingtaine d'années et, par là, de comprendre davantage l'avènement du reaganisme.

Un contexte économique très favorable

Au plan économique, les années 1960-1966 marquent la fin d'une extraordinaire période d'expansion amorcée par l'effort industriel entrepris dès 1940. Au cours des cinq années de guerre, les innovations techniques et managériales dans l'organisation de la production permettent de réaliser des gains de productivité exceptionnels. Standardisation des produits, production de masse, concentration oligopolistique dans les grands secteurs de production, syndicalisation de la main-d'œuvre qui permet l'instauration d'une division très poussée du travail en échange de salaires élevés, mécanisation toujours plus développée constituent autant de phénomènes qui contribuent à la haute compétitivité de l'industrie américaine et à l'avènement de la société de consommation. La croissance ne peut cependant être maintenue qu'au prix d'un accès continu à des sources d'énergie bon marché, du maintien d'un secteur de petites entreprises manufacturières ou de services à forte composition de main-d'œuvre peu qualifiée, peu rémunérée, peu protégée (où l'on retrouve surtout des femmes et des Noirs), qui assurent des tâches de sous-traitance pour les grandes industries ou qui développent des secteurs de production moins rentables. La stimulation constante du marché intérieur, l'extension de la consommation outre-frontière sont en effet autant de conditions indispensables à la poursuite de la croissance. Le rôle de l'État est évidemment crucial dans la création ou le maintien de débouchés pour les produits américains. C'est dans cette perspective qu'il faut comprendre l'effort consenti au titre du développement international et de la modernisation de l'infrastructure industrielle, agricole, routière, administrative, culturelle, éducative, socio-sanitaire, militaire, etc. de nombreux pays. C'est dans ce sens également qu'il faut saisir l'effort de guerre contre la pauvreté qui, grâce à l'extension des paiements de transferts à des couches sociales exclues du travail, va leur permettre d'accéder à la consommation de masse.

L'expansion économique est donc inséparable du rôle actif de l'État dans la redistribution, dans la formation de la main-d'œuvre, dans l'éducation aux valeurs de progrès et de développement, indissociables du processus de création continue des besoins. On est très loin de la conception d'un État strict arbitre des intérêts et garant des droits de l'individu qui prévalait lors de la Dépression ; mais on est aussi loin de l'État assurantiel et protecteur de la législation sociale du *New Deal*. On est en revanche dans le prolongement direct et dans l'extension de l'État redistributeur et rationalisateur du *New Deal*. La croissance économique contribue de façon décisive à la solution des problèmes sociaux, mais elle n'est pas en soi suffisante. Des « poches de pauvreté » vont demeurer qui exigent une action énergique, concentrée, ciblée de la part de l'État pour en venir à bout. Et cette action est politiquement acceptable quand les effets d'une redistribution accrue sont compensés par une croissance indéfectible ; en d'autres termes, quand le partage ne coûte rien.

Lorsque Kennedy gagna la présidence en 1960, les États-Unis avaient déjà connu vingt années d'exceptionnelle prospérité. Le PNB atteignait alors 503 milliards. Pendant les années de son mandat et les premières du mandat de Johnson, le rythme de la croissance fut extraordinaire et continu : le PNB atteignit 623 milliards en 1964 et 807 en 1967. A cause de la stabilité de cette croissance, les dépenses des programmes fédéraux pouvaient être planifiées sans risques, mais il arriva bientôt que les revenus crûrent plus rapidement que les dépenses. En 1965, selon Moynihan (1), les conseillers du président estimèrent que les revenus du gouvernement fédéral s'accroîtraient de 35 milliards d'ici 1970 et la théorie économique alors en vigueur voulait qu'il faille immédiatement réinjecter les surplus dans l'économie sous peine de créer une dépression économique. En plus des diverses formes de réduction d'impôts, les administrations devaient constamment se préoccuper de trouver des moyens de dépenser. C'est dans ce contexte qu'« on peut dire, sans grande exagération, que la politique sociale au cours de cette période a été déterminée par la question de savoir comment dépenser ces 35 milliards » (2). Cette situation incroyable prit fin cependant brutalement avec le déclenchement de la guerre du Viêt-nam.

(1) Patrick D. Moynihan, *Maximum Feasible Misunderstanding*, New York, Free Press, 1969.
(2) Moynihan, *op. cit.*, p. 28.

La mobilisation des Noirs

Mais il serait limitatif d'uniquement interpréter la décision de déclarer une guerre contre la pauvreté par rapport aux conditions économiques exceptionnelles qui prévalaient alors. Tout aussi déterminante est la pression croissante exercée sur le gouvernement par la question raciale, symbolisée par le mouvement pour les droits civiques dans les États du Sud et la question de la détérioration des ghettos urbains noirs dans les métropoles du Nord-Est. Dès la fin des années cinquante, le mouvement pour les droits civiques organise des manifestations afin de protester contre la résistance à la déségrégation dans le Sud, malgré la décision de la Cour suprême de 1954 favorable à la déségrégation. Protestations également contre les vetos successifs opposés par Eisenhower aux propositions de lois du Congrès destinées à enrayer le déclin urbain et les problèmes de pauvreté qui y sont associés. Le mouvement du Sud exerce alors une grande influence sur la mobilisation des Noirs au Nord. Ces derniers avaient pour la plupart quitté le Sud pour les cités industrielles du Nord au moment de la Seconde Guerre mondiale et du *boom* industriel qu'elle avait entraîné, ou juste après la guerre, lorsque l'agriculture du Sud avait amorcé un processus intense de mécanisation. Le mouvement pour les droits civiques choisit pour cible le gouvernement fédéral, étant donné que tout accès aux mécanismes politiques locaux était dénié aux Noirs du Sud. Le mouvement s'étendit rapidement vers les métropoles du Nord et des manifestations de masse se déroulèrent déjà en 1960 à Saint-Louis, en 1961 à New York pour exiger des emplois, des logements, des politiques de lutte contre la faim et la pauvreté. Ailleurs, les *neighborhoods* se mobilisèrent pour exiger des écoles de quartier déségrégées, l'accès aux emplois municipaux, etc. Au début des années soixante le mouvement reçut le support actif des syndicats, des groupes religieux, des groupes de défense des droits civiques, incluant plusieurs millions de supporters blancs (1).

Mais il y avait également, autre facette de la même réalité, l'inquiétude manifestée par les Blancs face à la détérioration des centres-villes que le gouvernement Eisenhower refusait de considérer. La fondation Ford lança alors son programme de « zones grises » (*Grey Areas*) qui fut en quelque sorte, dès la fin des années cinquante, une « guerre contre la pauvreté » avant la lettre. Les démocrates, qui prirent le pouvoir en 1960, grâce à la victoire de Kennedy, furent amenés à préparer une intervention législative massive pour répondre non seulement aux vastes attentes des Noirs qu'avait suscitées la candidature de John Kennedy, mais aussi à celles non moins intenses des Blancs qui désertaient les villes au profit des banlieues, entraînant le dépérissement de l'infrastructure commerciale des centres-villes et donc l'insatisfaction des milieux d'affaires face à l'inaction des gouvernements. Blancs et Noirs des métropoles constituant la clientèle privilégiée du parti démocrate, il ne fallait pas perdre de temps. Il est évident — même si, curieusement, les récits relatifs à l'histoire politique de cette période minimisent ou même passent sous silence la mobilisation noire comme élément constitutif des décisions gouverne-mentales (2) — que non seulement la guerre contre la

(1) Sur la mobilisation des Noirs, voir Frances Fox Piven and Richard A. Cloward, *The New Class War*, New York, Pantheon Books, 1982.
Egalement : Paul E. Peterson and J. David Greenstone, « Racial Change and Citizen Participation », in *A Decade of Federal Antipoverty Programs*, edited by Robert Haveman, New York, Academic Press, 1977, pp. 241 et suiv.
(2) Voir, par exemple, Lawrence M. Friedman, « The Social and Political Context of the War on Poverty : An Overview » in *A Decade of Federal Antipoverty Programs, op. cit.*, pp. 21 et suiv.

pauvreté n'a pas été amorcée dans un vide politique, comme si elle n'avait eu pour origine que l'influence des fonctionnaires (1), mais que la crise urbaine et les mouvements des droits civiques ont directement déterminé et façonné la politique gouvernementale. Le *New York Times* l'avait bien compris qui titra en février 1964 : « La loi anti-pauvreté est aussi une loi anti-émeute », et le président Kennedy avait été avisé que la loi des droits civiques (*Civil Rights Act*) qu'il préparait et qui devait être finalement adoptée en 1964 n'aurait pas de portée si elle n'était accompagnée d'une intervention économique et sociale sur la pauvreté même.

Un indice de l'importance du mouvement des droits civiques dans le processus de formulation et de gestion de la politique sociale de cette époque est fourni par le déplacement du sens même et de la portée des mots (2). « Pauvre » signifia dès lors Noir, ou quelque autre minorité définie par l'appartenance raciale ; la notion de « pauvreté » acquit le sens d'une dépossession non seulement économique mais également politique, en regard de l'absence de pouvoir des minorités dans les processus de décision. La notion d'action communautaire ne fit plus référence à la coordination des ressources locales, mais bien à la mobilisation des résidents de la communauté comme acteurs politiques. La participation, de simple routine démocratique devint un mécanisme essentiel de réappropriation de pouvoir et de maîtrise des décisions dans les programmes qui devaient désormais favoriser l'intégration socio-économique des pauvres. La question raciale fut vraiment au cœur de la guerre contre la pauvreté, faisant peut-être oublier que si les Noirs sont proportionnellement bien plus vulnérables à la pau-

---

(1) Voir Moynihan, *op. cit.*
(2) Paul E. Peterson and J. David Greenstone, *op. cit.*, p. 255.

vreté que les Blancs, il n'en demeure pas moins que les Blancs, particulièrement dans les régions des Appalaches et du Sud-Est, constituaient la grande majorité (75 %) des 40 millions de pauvres, soit 22,5 % de la population totale que comptait l'Amérique au début des années soixante. Cette dernière remarque est une confirmation supplémentaire de la composante raciale de la décision de combattre la pauvreté : on avait pu jusque-là tolérer la pauvreté blanche et maintenir à son endroit l'idéologie de la responsabilité individuelle. Elle ne constituait pas une menace, comme c'était le cas pour la pauvreté noire, à partir du moment où la conscience collective de l'oppression se manifestait. Le gouvernement passa la loi de l'*Economic Opportunity Act* alors que venaient d'éclater les grandes émeutes raciales qui mirent à sac les ghettos urbains de plusieurs métropoles entre l'été 1963 et 1967. Vingt ans après, le *Welfare,* c'est-à-dire l'ensemble des mesures reliées à la lutte contre la pauvreté, reste profondément associé à la question noire dans la conscience collective américaine et les réductions de programmes de *Welfare* du gouvernement Reagan sont marquées au coin, on le verra, d'une inavouable composante raciale, toujours rentable électoralement.

3

La professionnalisation
des réformes

Le rôle des intellectuels et des
sciences sociales

Si le déclenchement de la guerre contre la pauvreté est étroitement lié à la protestation noire, il n'a cependant jamais été associé à la pression de groupes spécifiques sur le système politique, comme c'est généralement le cas aux États-Unis où les législations reflètent le plus souvent directement les intérêts des groupes qui les ont promues. Dans ce sens, il est exact de souligner que « le grand public n'a jamais demandé une guerre contre la pauvreté » (1), comme il a longtemps demandé, et continue de le faire, un système de sécurité sociale complet, incluant l'assurance-maladie universelle. Il n'y a de toute façon rien de surprenant à ce que le public ne se mobilise pas pour des programmes qui ne concernent qu'une minorité de la population qui, de surcroît, est perçue comme une population de second ordre en termes économiques et raciaux.

L'initiative a donc appartenu principalement à des groupes d'intellectuels des sciences sociales bien introduits dans les sphères gouvernementales de l'époque, faisant la navette entre l'université et les lieux d'élaboration de la politique gouvernementale. Il faut s'attarder quelque peu au rôle des intellectuels dans la formulation et la planification de la guerre contre la pauvreté car il représente, dans le domaine de la politique sociale, un exemple spectaculaire de la proximité qui existait aux États-Unis dans les années soixante entre les intellectuels et l'État. La crise actuelle des sciences sociales, le doute qui parcourt toutes les sociétés industrialisées quant à la capacité de produire une représentation cohérente de la société, la mise en cause de l'effort de rationalité appliqué à la connaissance de la société, le mépris populiste que le président Reagan affiche à l'endroit des intellectuels plongent ici leurs racines.

Peut-être plus que dans aucune autre société industrialisée, les sciences sociales se sont développées aux États-Unis dans une articulation explicite aux besoins de gestion de l'entreprise privée, de l'armée, de la politique gouvernementale. Elles ont contribué à produire toutes les techniques statistiques dont un État moderne a besoin pour planifier et évaluer ses

---

(1) Lawrence M. Friedman, *op. cit.*, p. 27.

interventions, les techniques de programmation, de prévision et d'évaluation qui reposent sur les indicateurs sociaux, les stratégies de désignation de groupes-cibles, les techniques de manipulation sociale et de management des organisations bureaucratiques de services. Au moment où s'est amorcée la guerre contre la pauvreté, tout un pan des sciences sociales concerné par les questions d'intégration sociale et économique, de prévention de la criminalité, de lutte contre les processus de marginalisation, de comportements culturels des minorités, etc. s'est développé qui a explicitement contribué à orienter, à légitimer, à critiquer parfois, pendant plus de dix ans, l'intervention de l'État fédéral. C'est ce processus que Daniel P. Moynihan, célèbre sociologue, professeur à Harvard, représentant démocrate, puis sénateur, et ancien haut fonctionnaire qui a participé à l'élaboration des programmes de la guerre contre la pauvreté, a si bien décrit dans un non moins célèbre ouvrage : *Maximum Feasible Misunderstanding* (1). Le titre, qui peut être traduit littéralement par « Le plus grand malentendu possible » ou, mieux, « Une erreur monumentale », paraphrase la formule « *Maximum Feasible Participation* » associée, on l'a vu, aux programmes d'action communautaire. En conservateur éclairé qu'il est, Moynihan dénonce, dès le printemps 1967 — date à laquelle il rédige l'essentiel de son ouvrage —, l'échec total de l'offensive d'éradication de la pauvreté. Au-delà de l'évaluation qu'il dresse, sur laquelle nous reviendrons, l'argument explicatif qu'il développe de ce qu'il conclut être un échec est d'un grand intérêt pour notre propos.

Dans un chapitre intitulé « La professionnalisation des processus de réforme », il explique que les années

---

(1) Moynihan, *op. cit.*

cinquante ont vu émerger un nouveau style de réforme sociale qui est davantage le fait de personnes dont la profession est de penser des réformes que des pressions externes au système politique. Le processus de réforme est ainsi devenu une machine qui pense et fonctionne de l'intérieur, par elle-même. Et l'élection de Kennedy, dont la jeunesse symbolise le vent de modernisation qui va souffler sur Washington, apporte avec elle nombre de consultants, de spécialistes dont la profession peut être décrite comme « l'art de savoir ce qui ne va pas dans les sociétés, et l'art d'entreprendre des traitements avant que le patient réalise que quelque chose d'important est en train de se passer » (1). Nathan Glazer, un autre conservateur actif, lui, dans la reformulation de la politique sociale reaganienne, cité par Moynihan, écrit en 1963 déjà que les États-Unis sont engagés dans un processus d'expansion des services sociaux qui a pour effet de transformer considérablement la société américaine. En effet, le destin des pauvres est désormais entre les mains d'administrateurs, d'organisations profession- nelles de médecins, d'enseignants, de travailleurs sociaux, de thérapeutes, de conseillers d'orientation, etc. Ce sont, pour Glazer, les intérêts professionnels qui sont à l'œuvre (2) et Moynihan de surenchérir : « La guerre contre la pauvreté n'a pas été déclarée à la demande des pauvres ; elle a plutôt été déclarée être dans leur intérêt par des personnes confiantes en leur propre jugement » (3).

On peut déceler quatre influences majeures qui sous-tendent ces transformations, selon Moynihan (4).

(1) Moynihan, *op. cit.,* p. 23.
(2) Nathan Glazer, cité par Moynihan, *op. cit.,* p. 25.
(3) Ibid.
(4) Id., pp. 25-36.

a) La « révolution économétrique »

Grâce aux modèles économétriques, on connaît mieux le fonctionnement de l'économie, les facteurs qui contribuent à son expansion ou à son déclin. La croissance devient prévisible et on peut en attendre une réduction quasi automatique du nombre des pauvres.

b) La « croissance exponentielle de la connaissance »

La « révolution économétrique » n'est qu'une des manifestations de l'extraordinaire développement des connaissances. De moins en moins de décisions sont prises sans une forme ou une autre d'apport quantifié de connaissances. Et ceci est également vrai dans le domaine des problèmes sociaux. Le développement d'un système statistique national sophistiqué rend le développement de formes de planification possible et même inévitable. Les sciences sociales connaissent dans les années soixante un essor exceptionnel : en 1964, par exemple, entre 500 et 600 millions sont dépensés aux États-Unis pour la recherche en sciences sociales, sans tenir compte des recherches en psychologie.

c) La « professionnalisation de la classe moyenne »

L'expansion de l'éducation supérieure est très rapide aux États-Unis et elle se produit surtout dans les secteurs professionnels : santé, éducation, action sociale, etc. Or, « les professionnels professent » : ils prétendent connaître mieux que leurs clients la source de leurs problèmes et les solutions à ces problèmes. Leur influence sur le système politique est énorme ;

elle excède de loin leur nombre pourtant déjà considérable : plus de 9 millions de « professionnels et travailleurs techniques » sont recensés en 1965. Ce sont eux qui vont définir la pauvreté en termes de problème, et de problème qui exige une intervention fédérale massive.

d) Le « rôle croissant des fondations privées »

L'influence des fondations, qu'elles aient nom Carnegie, Rockefeller ou autres moins prestigieux, ne cesse de croître au cours des années cinquante, à la mesure des profits accumulés par l'industrie. Plusieurs se préoccupent de questions sociales ou raciales. En 1950, cependant, le paysage des fondations est bouleversé par l'arrivée sur la scène sociale de la Fondation Ford, qui a à sa disposition plus de 3 milliards de dollars. Elle va s'intéresser particulièrement aux questions éducatives et sociales, ainsi qu'à l'organisation des communautés locales. La division du Programme des affaires publiques, l'une des neuf de la Fondation, sera dirigée par un libéral notoire, Ylvisaker, qui fera des questions urbaines sa priorité, y consacrant plus de 100 millions de dollars entre 1953 et 1963. Les programmes de cette division ont la caractéristique d'être nettement interventionnistes : on cherche à « transformer la vie politique et sociale des communautés » par l'implantation de nouvelles formes d'organisation communautaire, par le développement d'interventions dans le domaine de l'éducation, du logement, de l'emploi, des services légaux et de l'aide sociale.

Dans sa guerre contre la pauvreté, le gouvernement fédéral allait en somme prendre le relais et étendre nombre de programmes expérimentés par la Fondation Ford. C'est en effet un groupe d'intellectuels libéraux new-yorkais, dont plusieurs étaient reliés à la

Fondation Ford, qui prit l'initiative de définir les programmes d'intervention fédérale en mettant un accent particulier sur l'action communautaire dans les quartiers en voie de détérioration.

Tous ces programmes reposaient sur la prémisse que seuls le changement des attitudes, des motivations, des styles de vie des pauvres, le « développement de leurs potentialités » — thème récurrent de la psychologie des « relations humaines » des années soixante — permettraient de vaincre la pauvreté. La connaissance des comportements, le développement des techniques de manipulation sociale, d'animation, le *social engineering* triomphant sont autant d'instruments stratégiques dans la recherche du changement. Mais il faut aussi que la société fournisse aux individus l'occasion — l'*opportunity* —, la chance de pouvoir changer leurs attitudes et réaliser leurs aspirations. On n'est donc pas en présence d'une perspective de modification des comportements unilatéralement tournée vers l'individu, comme elle se manifestera plus tard dans les politiques conservatrices. La notion d'« égalité des chances » — *equality of opportunity* — n'a pas non plus dans cette visée de signification philosophico-juridique, comme le définissent les débats contemporains sur l'égalité des chances et l'égalité des résultats. Elle est, pourrait-on dire, une explication sociale, une conception d'intervention, une conception du changement car elle implique l'existence d'un rapport de responsabilité entre l'individu et la société. L'ouvrage de Richard Cloward et Lloyd Ohlin, *Delinquency and Opportunity* (1), a joué un rôle capital dans la formulation de la problématique d'intervention sociale de la guerre contre la pauvreté. La

---

(1) Richard Cloward and Lloyd Ohlin, *Delinquency and Opportunity*, Glencoe, Illinois Free Press, 1960.

thèse de l'ouvrage est que la délinquance — le plus souvent associée à la pauvreté — est causée par l'impossibilité d'atteindre des buts socialement valorisés, tels que posséder une voiture, être correctement vêtu, etc., à cause des structures et des mécanismes de fonctionnement de la société. Le délinquant est un jeune normal, avec des buts normaux que la société ne lui permet pas d'atteindre par des moyens normaux. Utilisant dès lors des moyens alternatifs, il se retrouve dans l'illégalité. Davantage, le délinquant doit souvent recourir à des moyens carrément dangereux et déviants, simplement pour se conformer aux buts ordinaires poursuivis par la société. « En bref, nous croyons que la cause de bon nombre de conduites délinquantes réside dans le fait que les occasions de se conformer sont limitées » (1). Si cette société veut dès lors que les délinquants se conforment non seulement à ses objectifs mais à ses moyens de les atteindre, elle se doit de leur fournir l'*opportunity* de le faire. C'est bien là toute la philosophie du changement social portée par les programmes de la guerre contre la pauvreté : pas de changement possible par les transferts monétaires seulement ou par les seules thérapies, sans un changement institutionnel global, profond et non bureaucratique. C'est aussi là la perspective dans laquelle ont été formées des générations d'intervenants sociaux, bien au-delà des frontières américaines.

Des résultats contestés

La guerre contre la pauvreté se termine officiellement avec l'abolition de l'*Office of Economic Opportu-*

---

(1) Cloward and Ohlin, *op. cit.*, p. 45.

nity en 1974. Plusieurs des programmes demeurèrent cependant en activité quoique leur financement ait été considérablement réduit. Les activités communautaires et les services légaux devinrent des administrations indépendantes, aux budgets limités. 25 milliards de dollars avaient été consacrés à cette guerre en dix ans et le bilan semblait très décevant. Plusieurs analystes n'hésitèrent pas à parler d'échec, dans le sens où, bien sûr, la pauvreté n'avait nullement été éliminée, quoique son impact ait été nettement diminué, passant d'un taux de 22,2 % en 1960, 17,3 % en 1965, 12,6 % en 1970 à un taux de 11,2 % en 1974.

Plus généralement, c'est toute la croyance dans la possibilité de changer des situations sociales, économiques, culturelles éminemment complexes par une intervention gouvernementale intense, ciblée, s'appuyant sur la connaissance des sciences sociales, qui se trouva mise en doute. Outre les problèmes rencontrés par les programmes d'action communautaire, les résultats des programmes relatifs à la formation scolaire et professionnelle, et à la préparation à l'école primaire *(Head Start),* qui constituaient des pierres angulaires de la stratégie de « récupération des déficits » culturels et comportementaux, furent particulièrement décevants. Des études montrèrent en effet que les programmes destinés aux jeunes des ghettos avaient peu d'effet sur leur motivation à chercher un travail stable et rémunérateur ; quant aux enfants de *Head Start,* leurs résultats n'étaient guère meilleurs, après trois années de scolarité primaire, que ceux de leurs homologues qui n'avaient pas participé au programme.

De tels résultats furent immédiatement l'objet de vifs débats scientifiques et politiques au cours desquels s'affrontèrent tenants d'une intervention publique étendue, et critiques de cette intervention même, déclarée politiquement illégitime et scientifiquement non défendable. Bref, libéraux et conservateurs four- bissaient leurs armes, sur la base de l'expérience de la guerre contre la pauvreté, pour les grands débats idéologiques de la politique sociale qui allaient se dérouler vers la fin des années soixante-dix et culminer sous la présidence de Reagan.

Les libéraux avaient connu leurs heures de gloire avec l'inépuisable thématique de la pauvreté ; ils avaient occupé la scène de façon prédominante, reléguant à l'arrière-plan les critiques conservatrices. Celles-ci cependant s'élaboraient autour d'analystes tels que Moynihan, Nathan Glazer, Aaron Wildavsky, Norman Podhoretz ou Irving Kristol, et de revues comme *Public Interest* ou *Commentary,* en particulier. Wildavsky a rédigé une célèbre diatribe (1) contre les politiques de lutte contre la pauvreté qui résume de façon brillante la critique conservatrice :

« Une recette pour la violence : promettez beau- coup, offrez peu. Amenez les gens à penser qu'ils vont améliorer considérablement leur sort, mais ne faites pas de grands changements. Essayez une variété de petits programmes, ayant chacun leur intérêt particu- lier, mais seulement un impact marginal et un finance- ment limité. Evitez de recourir à toute solution qui soit à la mesure des problèmes que vous cherchez à résoudre. Faites engager des étudiants radicaux de classe supérieure par des fonctionnaires de classe moyenne afin d'utiliser des Noirs de classe inférieure pour abattre les appareils politiques locaux ; déplorez alors que les gens se mettent à tout casser et critiquez

---

(1) Cette citation fait partie de l'« anthologie » de la politique sociale américaine. On la retrouve dans tous les manuels spécialisés. Elle est placée en exergue du livre de Moynihan. Source originale : « The Empty Headed Blues : Black Rebellion and White Reactions », *The Public Interest,* 11, printemps 1968, pp. 3-4.

les politiciens locaux de ne pas vouloir coopérer avec ceux qui cherchent à les éliminer. Faites en sorte que quelques pauvres soient impliqués dans le processus local de prise de décision, juste assez pour découvrir qu'il n'y a pas là d'enjeu qui vaille la peine qu'on s'en préoccupe trop. Sentez-vous coupable pour tout ce qui est arrivé aux Noirs, dites-leur que vous êtes vraiment surpris qu'ils ne se soient pas encore révoltés ; exprimez votre surprise et votre désapprobation quand ils suivront votre conseil. Essayez alors la force, juste assez pour les exaspérer, pas assez pour les décourager. Sentez-vous de nouveau coupable, dites-leur que vous êtes surpris que le pire ne se soit pas produit. Alternez avec un petit peu de répression. Agitez bien, frottez une allumette et... partez en courant. »

4

Les programmes de la protection sociale

Ce chapitre est consacré à l'examen du processus de consolidation du système de protection sociale dans les années soixante-dix et aux problèmes de croissance des coûts auxquels il est confronté. Il présente ensuite une synthèse descriptive des principaux programmes de transferts et de leurs caractéristiques, pour souligner enfin quelques caractéristiques de l'État-providence aux États-Unis.

Extension et croissance des programmes et des coûts

1965 marque donc une étape très importante dans le développement des programmes sociaux de services et de transferts, et dans l'élargissement des conditions d'admissibilité de plusieurs programmes existants. Dès cette date, les dépenses reliées à la politique sociale se sont accrues de façon considérable. Ainsi, par exemple, entre 1965 et 1975, la part des deux grands postes budgétaires que constituent la défense militaire et la protection sociale se trouve inversée : la défense comptait pour 41 % du budget fédéral en 1965 et les dépenses sociales pour 19 % ; dix ans plus tard, les parts respectives seront de 25 % et 38 % (1).

Les principaux facteurs de croissance des coûts sont d'ordre démographique et sociologique d'une part, politique d'autre part. Comme dans tous les pays industrialisés, la population américaine vieillit rapidement. Le pourcentage des personnes âgées de plus de 65 ans par rapport à la population totale est passé de 9,6 % en 1965 à 11,3 % en 1980 et à 12 % en 1985. Cette augmentation du nombre de personnes âgées exerce une forte pression sur le régime de sécurité sociale, d'autant plus que cette catégorie d'âge recourt de façon plus intense que la moyenne des autres aux ressources médicales, hospitalières et d'hébergement couvertes par l'assurance *Medicare* accordée aux personnes de plus de 65 ans. Dans le domaine de l'assistance, c'est le nombre croissant de familles à parent unique, le plus souvent des femmes, qui est

---

(1) Les parts respectives de la défense et de la protection sociale seront de 29 % et 35 % dans le budget de 1981, le président Reagan se fixant pour objectif de réduire progressivement cet écart.

principalement à la source de l'augmentation des coûts. Là encore, comme dans tous les pays industrialisés, au cours des années soixante-dix, le nombre de ce type de familles n'a cessé de s'accroître. En 1965, 11 millions de personnes dont 4,6 millions d'enfants de moins de 18 ans vivaient dans des familles dirigées par une femme seule et étaient pauvres ; en 1970, c'étaient respectivement 11,2 millions et 4,7 millions ; en 1975, 12,3 et 5,6 millions ; en 1980, 14,7 et 5,9 millions pour un pourcentage de 33,8 % de l'ensemble des personnes et 50,8 % de l'ensemble des enfants vivant dans des familles monoparentales dirigées par une femme.

Il y a également des raisons politiques à la croissance des coûts. En 1975, le Congrès a décidé d'indexer automatiquement toutes les prestations de sécurité sociale au coût de la vie (taux d'inflation). Cette décision reflète sans doute les immenses besoins des personnes âgées et leur grande vulnérabilité à l'inflation, mais elle exprime également le poids politique et électoral considérable de cette catégorie de la population. Au plan de l'assistance, le mouvement des *Welfare Rights,* très actif à la fin des années soixante et au début des années soixante-dix, a contribué à faire connaître leurs droits au *Welfare* à nombre de personnes pauvres et les a défendues face aux restrictions imposées par certaines règles bureaucratiques ou par l'attitude réticente de certains fonctionnaires. Le nombre de bénéficiaires et donc les coûts des programmes ont augmenté en conséquence.

Le tableau 1 synthétise la croissance des dépenses consacrées à la sécurité sociale et à l'aide publique. Les dépenses totales ont plus ou moins doublé tous les cinq ans entre 1965 et 1985, consacrant un rôle sans cesse accru du financement

Tableau 1

Dépenses pour la sécurité sociale et l'aide publique, en milliards de $, pourcentage du PNB et dépenses per capita, 1950-1983

	1950	1960	1965	1970	1975	1980	1981	1982	1983
1. Dépenses totales Assurances et assistance (en milliards)	7,5	23,4	34,4	71,0	164,3	301,5	349,8	383,9	416,4
2. Pourcentage du PNB	2,6	4,6	5,0	7,2	10,6	11,4	11,8	12,4	12,3
Assurances, % du PNB	1,7	3,8	4,1	5,5	7,9	8,7	9,0	9,8	9,9
Assistance, % du PNB	,9	,8	,9	1,7	2,7	2,7	2,8	2,6	2,4
3a. Total des dépenses fédérales (milliards)	3,3	16,4	25,4	54,8	126,9	239,8	280,5	303,1	330,2
Total des dépenses États et gouvernements locaux	4,2	7,0	9,0	16,2	37,4	61,7	69,3	80,8	86,2
3b. Dépenses fédérales assurances	2,1	14,3	21,8	45,2	99,7	191,1	224,6	250,6	274,3
États assurances	2,8	5,0	6,3	9,4	23,3	38,6	42,8	52,4	56,3
Dépenses fédérales assistance	1,1	2,1	3,6	9,6	27,2	48,7	55,9	52,5	55,9
E tats assistance	1,4	2,0	2,7	6,8	14,1	23,1	26,5	28,4	29,9
4a. Per capita, assurances y.c. Medicare	32 $	105	142	262	561	995	1145	1285	N/A
Per capita, assistance y.c. Medicaid	18 $	22	32	79	189	312	355	344	N/A
4b. Per capita, assurances en $ constants de 1982	116 $	301	378	580	920	1141	1212	1285	N/A
Per capita, assistance en $ constants de 1982	58 $	64	85	176	310	358	375	344	N/A

Source : *Statistical Abstract of the US*, 1986, tableaux 593, 594, 595, 596, 597 (extraits) + 604 (1983)
Social Security Bulletin, Annual Statistical Supplement, 1983.

fédéral. La part des dépenses sociales dans le PNB a également augmenté très considérablement entre 1965 et 1975, en particulier. Les programmes d'assurances représentent le principal facteur de croissance constante des dépenses, alors que les programmes d'assistance, après avoir connu une forte augmentation entre 1965 et 1975, ont été stabilisés à ce dernier niveau et même connaissent un relatif déclin depuis 1981, expression des politiques de l'administration Reagan (voir troisième partie). Les dépenses moyennes per capita en dollars constants de 1982 (tableau 1, 4b) indiquent cette stabilisation pour les programmes d'assistance, alors que les dépenses des programmes d'assurances poursuivent leur ascension. Les dépenses d'assurances sont assumées de façon croissante par le gouvernement fédéral (80 % en 1983). Alors que la part des États et des gouvernements locaux dans les dépenses d'assistance est restée stable jusqu'en 1981 (près du tiers), elle ne cesse de croître depuis lors, reflétant les réformes apportées au financement de ce type de programmes par l'administration Reagan (voir troisième partie). En termes relatifs, le rôle des États et des gouvernements locaux par rapport à celui du gouvernement fédéral est beaucoup plus important en ce qui concerne l'assistance qu'en ce qui a trait aux programmes d'assurances. Ce rôle s'accroît depuis 1981.

Le tableau 1 présente les dépenses consacrées aux assurances sociales et à l'assistance. Si l'on y ajoute les subventions accordées pour certains programmes de santé maternelle et infantile, d'hospitalisation (autres que *Medicare* et *Medicaid*), de subventions à l'éducation primaire et secondaire, de soutien à la formation professionnelle, d'aide au logement, le total des dépenses sociales de transferts et de services atteint les montants indiqués au tableau 2.

La croissance des dépenses sociales totales confirme les tendances relevées à propos des dépenses d'assurances et d'assistance : très forte progression entre 1965 et 1975 et relative stabilisation, dès 1975, de la part des dépenses sociales dans le PNB, d'ailleurs plus marquée lorsque l'on considère la totalité des dépenses (tableau 2) que lorsqu'on ne retient que celles d'assurances et d'assistance (tableau 1). C'est, encore une fois, la part de la sécurité sociale (retraite et assurance-maladie *Medicare* surtout) qui croît beaucoup plus rapidement que celle de l'ensemble des autres programmes.

	1950	1960	1965	1970	1975	1980	1981	1982	1983
Tableau 2 — Dépenses pour la sécurité sociale et l'aide publique et dépenses sociales totales, en milliards de $, pourcentage du PNB, 1950-1983									
Dépenses totales Assurances et assistance (en milliards)	7,5	23,4	34,4	71,0	164,3	301,5	349,8	383,9	416,4
Dépenses sociales totales (*)	16,8	46,7	71,2	136,8	273,1	471,7	527,5	571,2	615,0
Pourcentage du PNB (*)	5,9	9,1	10,5	13,8	17,9	18,0	18,0	18,7	18,5

(*) A l'exclusion des programmes pour les vétérans
Source : *Statistical Abstract of the US*, 1986
      tableaux 593, 595.

Les programmes d'assurances sociales

a) L'assurance-vieillesse (*Old Age, Survivors, Disability and Health Insurance*) créée en 1935.

C'est le plus considérable des programmes sociaux. Il couvre environ 90 % des travailleurs. Son financement est assuré par une cotisation égale des employés et des employeurs de 7,15 % du salaire en

1986. Le montant de la pension est déterminé par l'âge auquel l'assuré prend sa retraite et par le montant de sa contribution durant ses années actives. Le salaire maximum imposable est de 42 000 $ en 1986 et tous les salaires sont imposés dès le premier dollar gagné. L'assurance-vieillesse est donc un impôt très régressif puisque les bas-salariés paient une part beaucoup plus importante du total des rentrées fiscales du programme et qu'en outre seuls les salaires et non les dividendes, intérêts ou loyers sont imposables.

Le montant mensuel moyen de la prestation s'élevait à 450 $ en 1985, correspondant plus ou moins au seuil de pauvreté pour une personne de plus de 65 ans (5 156 $ pour une personne seule, 6 503 $ pour un couple en 1985). Des montants continuent à être versés aux survivants après le décès de l'assuré. Les prestations de retrait ne sont pas imposables, quel que soit le revenu global de l'assuré, contribuant ainsi à accentuer encore davantage le caractère régressif du programme.

Grâce à l'indexation régulière des pensions, on estime aujourd'hui que la grande majorité des personnes âgées peuvent échapper à la pauvreté. Seules 12,6 % d'entre elles étaient pauvres en 1985, une amélioration considérable par rapport à 1970 lorsque le quart des personnes âgées connaissait la pauvreté.

Le nombre de bénéficiaires a considérablement augmenté depuis les années soixante-dix (25,3 millions en 1970, 35,9 en 1980 et 36,3 en 1984) pour une dépense de 224,7 milliards de dollars en 1983. Même s'il a été créé il y a plus de cinquante ans, le système demeure financièrement fragile car il ne repose pas sur un capital accumulé. Les primes payées par les travailleurs d'aujourd'hui (plus de 200 milliards par an) permettent de payer les pensions des retraités d'aujourd'hui. Il n'y a pas de réserve financière. Or, un certain nombre de contribuables réalisent aujourd'hui que les sommes qu'ils doivent verser à la sécurité sociale pourraient constituer à leur retraite un capital au moins cinq fois supérieur au montant total des prestations qu'ils pourraient toucher pendant vingt années de retraite. De plus, comme le système semble en continuelle menace de banqueroute, il n'est pas certain qu'il survivra financièrement dans quelques décennies. En outre, le nombre croissant de bénéficiaires par rapport au nombre de contribuables ne fait qu'augmenter les problèmes du système.

On estime par ailleurs à environ 50 % le nombre de travailleurs qui bénéficient de retraites complémentaires privées. Aucune loi ne contraint les entreprises à offrir des plans de pension à leurs employés. Plus l'entreprise est importante, plus les employés auront la chance d'être couverts par des plans privés. Les syndicats proposent également un système complet de pensions à leurs membres.

Les personnes qui n'ont pas été salariées et qui n'ont donc pas contribué au régime public ne touchent aucune prestation. Elles peuvent alors recourir au *SSI* (voir infra).

b) L'assurance-maladie pour les personnes âgées (*Medicare*)

L'assurance-maladie pour les personnes âgées de plus de 65 ans a été créée en 1965. Elle est accessible à toutes les personnes qui bénéficient de l'assurance-vieillesse. Les autres peuvent s'y inscrire volontairement moyennant une cotisation mensuelle de 140 $. Le Medicare comprend une assurance-hospitalisation caractérisée par une franchise de 520 $ en 1987 pour toute hospitalisation et une limite de séjour de 60 jours, plus une portion des 20 jours suivants, après quoi la couverture est épuisée. Il couvre également les séjours en maison de retraite avec une franchise de 35 $ par jour. Le *Medicare* comprend également une assurance médicale pour couvrir les frais des visites au cabinet du médecin, les services hospitaliers ambulatoires et autres. Il s'agit là d'une assurance optionnelle au coût de 15,50 $ par mois. Les patients doivent assumer un déductible de 75 $, plus 20 % des coûts. Le *Medicare* fixe des taux maxima d'honoraires auxquels les médecins ne sont pas tenus de se conformer. La plupart d'entre eux affichent des tarifs plus élevés et le patient doit alors payer la différence. Le *Medicare* ne rembourse pas les soins dentaires, les soins spécialisés à domicile, les examens des yeux et des oreilles, les lunettes et les prothèses auditives, les examens médicaux de routine, les médicaments. L'ensemble de ces restrictions ont

Tableau 3 Assurance-maladie : données diverses, personnes âgées de plus de 65 ans, à l'exclusion des personnes infirmes							
	1970	1975	1980	1982	1983	1984	1985
Montant des prestations — en milliards de $	7,1	15,6	35,7	51,1	57,4	62,9	69 (estimation)
— Remboursement par personne servie, en $	N/A	1055	1791	2439	2611	N/A	N/A
— Facturation des hôpitaux en milliards de $	5,9	12,0	28,1	41,0	46,1	N/A	N/A
— Prix de journée en $	74	142	290	407	472	N/A	N/A
— Facturation des médecins en milliards de $	2,2	3,9	8,8	12,4	14,4	N/A	N/A
Source : *Statistical Abstract of the US* (1986) Tableaux 627, 628, 629 (extraits)							

obligé les personnes âgées à débourser elles-mêmes 22 % en moyenne de leurs coûts de santé en 1986.

Comme l'indique le tableau 3, les coûts du programme se sont accrus considérablement depuis sa création, passant de 1 milliard en 1965 à 69 milliards en 1985.

Le *Medicare* ne couvrant que les personnes de plus de 65 ans, la population active doit alors recourir à des contrats privés généralement offerts par l'entreprise ou le syndicat. Comme pour les plans de pension privés, ce sont surtout les entreprises importantes qui sont en mesure de proposer de tels contrats. Il est très difficile d'évaluer l'ampleur de la couverture médicale contractée par la population américaine active. Une étude du Congrès de 1980 indiquait que 85 % environ de la population américaine étaient couverts par des programmes privés ou publics pour les coûts de base d'hospitalisation, mais seuls 29,4 % avaient une protection adéquate contre des risques majeurs et des dépenses médicales exceptionnelles. En outre, seuls 40 % étaient assurés pour les visites médicales et 44 % pour les séjours en maison de retraite. Moins de 20 % étaient au bénéfice d'une assurance-médicaments. Rien n'indique que depuis le début de la décennie la situation se soit considérablement modifiée. En 1983, *The Economist* rapportait que 34 millions d'Américains n'avaient pas d'assurance-maladie pendant tout ou partie de leur vie. 11 millions d'entre eux vivaient dans des familles dont le pourvoyeur avait perdu son assurance-maladie en même temps que son emploi (1). Les coûts de santé constituent la première cause de faillite personnelle aux États-Unis.

_____

(1) Cité par Michael Harrington, *The New American Poverty,* New York, Hold, Rinehart and Winston, 1984, p. 50.

c) L'assurance-chômage (*Unemployment Insurance*)

	1970	1975	1980	1982	1983	1984
Tableau 4 **Assurance-chômage : données diverses**						
Montant total des prestations (en milliards)	4,2	19,8	16,2	25,0	25,7	15,4
Montant moyen des prestations hebdomadaires ($)	50	70	99	119	124	123
Pourcentage du salaire hebdomadaire moyen	35,6	37,2	37,5	37,2	37,6	35,9
Durée moyenne des prestations (semaines)	12,3	15,7	14,9	15,9	17,5	14,4
Pourcentage de la contribution de l'employeur par rapport aux salaires	1,3	1,9	2,5	2,5	2,8	3,2

Source : *Statistical Abstract of the US*, 1986
    Tableau 639 (extraits)

L'assurance-chômage a été instituée en 1935. Elle est financée par les employeurs, à raison de 1 à 4 % de la masse salariale, suivant les États. Elle est en effet administrée par les États qui, tout en devant se conformer à des normes générales établies par le gouvernement fédéral, ont une liberté considérable pour définir les critères d'éligibilité du programme, le montant des prestations et leur durée. Les bénéficiaires doivent régulièrement démontrer leur capacité et leur volonté de travailler pour avoir droit aux prestations et celles-ci ne dépassent en aucun cas 39 semaines. Les prestations sont très basses et n'équivalent qu'à un peu plus du tiers du salaire hebdomadaire moyen, l'assurance-chômage ne devant avoir qu'un caractère transitoire. Le pourcentage de la prime hebdomadaire par rapport au salaire moyen peut varier de 24,6 % à 47,8 %, suivant les États, les plus généreux étant en général ceux où l'industrie et le syndicalisme sont bien implantés (Nord-Est), au contraire de ceux du Sud, plus agricoles et de longue tradition conservatrice.

Comme pour le domaine des retraites et de l'assurance-maladie, certaines entreprises, parmi les plus importantes, offrent des assurances-chômage privées complémentaires.

Les programmes d'assistance (*Welfare*)

Les programmes d'assistance exigent des bénéficiaires qu'ils se soumettent à un contrôle préalable de leurs ressources financières. Ces programmes, à l'exception des « coupons d'alimentation », comprennent une part importante de financement provenant des États, et l'administration leur en est confiée. Les disparités entre États et entre régions sont considérables, tant dans l'énoncé des critères d'admissibilité que dans le montant des prestations.

a) L'aide aux familles avec enfants à charge (*Aid to Families with Dependent Children - AFDC*)

C'est le programme type d'assistance publique. Son objectif est de permettre aux familles monoparentales pauvres de continuer à prendre soin de leurs enfants, dans leur foyer, en leur fournissant une aide financière. Ce programme a été constamment, depuis sa création en 1935, l'objet de violentes controverses. Non pas qu'on ait jamais remis en cause le principe d'aider des enfants, mais bien de soutenir financièrement, par ce programme, des adultes aptes à travailler. Dans ce sens, les confrontations dont l'AFDC est l'objet en font un véritable analyseur de la politique sociale américaine et de son constant rejet des populations incapables d'assurer leur autonomie par leur travail, bien qu'elles soient saines de corps et d'esprit. On le verra dans la troisième partie, le président Reagan a fait de l'AFDC et des populations qu'elle touche un véritable symbole de l'aversion des conservateurs pour le *Welfare*.

Initialement, ce programme était conçu comme un complément de la sécurité sociale, pour venir en aide aux familles dont le chef avait été blessé ou tué dans des accidents du travail, en vue d'éviter la dislocation de la famille pour des raisons économiques. Avec le nombre croissant, dans les années soixante, de foyers dirigés par une femme seule, le programme AFDC devint de plus en plus étroitement associé à la problématique des foyers monoparentaux, étant souvent accusé de favoriser la désertion du soutien de famille, sinon la destruction même de la famille. A cause du fait que, depuis les années soixante-dix, le programme concerne un nombre disproportionné de familles noires, dont les mères sont très souvent des adolescentes des ghettos urbains, l'AFDC est devenue la cible d'une nouvelle vague de critiques qui en font la cause directe de la disparition de l'éthique du travail parmi les jeunes Noirs et de la dissolution de la famille noire, principal problème social de l'heure, selon les analystes conservateurs. Plusieurs tentatives de mise au travail de ces populations ont été menées ces dernières années qui ont conduit récemment à l'adoption d'une loi dite du *Workfare,* c'est-à-dire du *Work-for-Welfare,* l'obligation faite aux bénéficiaires de travailler pour gagner leur *Welfare*. Nous y reviendrons dans la troisième partie.

A cause de la croissance rapide du nombre de familles monoparentales et de la pression du mouvement des *Welfare Rights* qui encouragea l'inscription de nombreuses jeunes mères à l'AFDC, le nombre de bénéficiaires de ce programme a augmenté de façon spectaculaire à partir de 1965, triplant entre 1965 et 1975, pour atteindre un sommet de plus de 4 millions de familles en 1980 ; en 1986, 3,6 millions de familles, soit 10,5 millions d'individus, dépendent de l'AFDC. Les coûts ont augmenté en conséquence, passant de 1 milliard en 1960 à environ 16 milliards en 1986, mais le montant des paiements n'a pas augmenté si l'on tient compte de l'inflation. Il a même, au cours des toutes dernières années, diminué de 25 % dans plusieurs États pour un montant moyen de 310 $ environ par mois pour un adulte et deux enfants. Comme ce programme est administré par les États qui en déterminent les principaux critères d'éligibilité et le montant des prestations, ce taux moyen de 310 $ dissimule des écarts considérables, allant de 87 $ au Mississippi à 416 $ en Californie, ou même 447 $ en Alaska.

Aux prestations de l'AFDC s'ajoutent celles des bons d'alimentation et, au besoin, du *Medicaid* et du SSI. Voir infra.

b) Le *Medicaid*

Créé en 1965, le *Medicaid* est le programme d'assistance médicale pour les démunis. A cause des coûts élevés de la santé, le *Medicaid* est le plus coûteux des programmes de *Welfare,* dépassant à lui seul le coût de tous les autres programmes réunis : AFDC, SSI et coupons d'alimentation. Il a passé de 5,2 milliards en 1970 à 13,5 en 1975, 25,7 en 1980 et 37,6 milliards en 1984, les coûts étant partagés à parts à peu près égales entre le fédéral et les États.

Tableau 5									
AFDC : données diverses									
	1960	1965	1970	1975	1980	1981	1982	1983	1984
Nb de familles (millions)	0,8	1,1	2,6	3,6	3,8	3,6	3,6	3,6	3,6
Nb de bénéficiaires (millions)	3,1	4,4	9,7	11,4	10,5	10,6	10,5	10,7	10,9
Nb d'enfants (millions)	2,4	3,3	7,0	8,1	7,6	7,1	N/A	N/A	N/A
Dépenses en milliards de \$	1,0	1,7	4,9	9,2	12,4	13,0	12,9	13,8	14,3
Prestation mensuelle moy. par famille, en \$	108	137	190	229	280	301	303	313	N/A

Source : *Statistical Abstract of the US* 1984, 1986
Tableaux 651 et 652 (1984), 598, 645 et 646 (1986)

Toutes les personnes démunies, et reconnues telles parce qu'elles participent à l'AFDC ou au SSI (voir infra), ont droit au *Medicaid*. Plusieurs États acceptent également les pauvres non inscrits à un programme de *Welfare* reconnu, sur la base de l'évaluation de leurs moyens financiers. Enfin, la moitié des États accepte les familles dont le chef touche des primes d'assurance-chômage.

En revanche, les bas-salariés qui, payés au salaire minimum (3,35 \$), travaillent 40 heures par semaine pendant 52 semaines et gagnent donc 6 968 \$, soit environ 60 % du montant considéré comme seuil de la pauvreté pour une famille de quatre personnes en 1987, n'ont pas droit au *Medicaid* et se retrouvent donc sans couverture médicale. Cette situation incite certaines personnes qui bénéficient de l'AFDC à refuser un travail salarié car elles perdent alors leur droit au *Medicaid*. C'est une des raisons pour lesquelles la participation au *Workfare* est devenue récemment obligatoire si les bénéficiaires de l'AFDC veulent pouvoir conserver leurs prestations.

c) Le « supplément du revenu » (*Supplementary Security Income - SSI*)

La création, en 1972, du programme de « supplément du revenu » accordé à certaines personnes âgées, infirmes ou aveugles très démunies découle de la tentative avortée du président Nixon, en 1969, d'instaurer un plan de revenu minimum garanti pour les pauvres. En 1972, le Congrès a retiré aux États, qui jusque-là administraient des programmes équivalents disparates, la compétence de déterminer l'éligibilité, le montant des paiements, ou encore de gérer des programmes destinés à ces catégories. Les critères sont donc, depuis, les mêmes pour les bénéficiaires de tous les États.

En 1984, 4 millions de personnes, dont 1,5 million de personnes âgées et 2,5 millions d'infirmes, bénéficient de ce programme, au coût de 10,1 milliards de dollars, pour un paiement mensuel moyen de 158 $ pour les personnes âgées et 256 $ pour les infirmes.

d) Les « coupons d'alimentation » (*Food Stamps*)

Ce programme fédéral, administré par le ministère de l'Agriculture, a été inauguré en 1964, à la fois pour garantir une alimentation de base minimale pour les plus démunis, dans le cadre de la guerre contre la pauvreté, et pour soutenir les prix des produits agricoles, constituant ainsi une subvention indirecte aux agriculteurs. Les coupons sont accessibles à toutes les personnes dont le revenu net ne dépasse pas 130 % du seuil de pauvreté, qu'elles soient bénéficiaires ou non de l'AFDC ou du SSI. Ainsi donc les bas-salariés peuvent les obtenir. En outre, leur valeur est uniforme dans tout le pays, seule la taille de la famille intervenant dans l'établissement de ce montant.

En 1985, 6,8 millions de ménages ont reçu des coupons. Le revenu médian de ces ménages était de 6 160 $. La valeur moyenne des coupons reçus par l'ensemble des ménages était de 1 085 $ en 1985, soit 90,40 $ par mois.

Les coûts de ce programme ont également connu une très forte augmentation entre 1970 et 1980, qui reflète la croissance spectaculaire du nombre de bénéficiaires entre 1970 et 1975, particulièrement.

Une estimation du revenu des personnes assistées peut être obtenue en tenant compte du fait que les bénéficiaires de l'AFDC touchent également les coupons d'alimentation. Etant donné la très grande disparité des prestations de l'AFDC suivant les États, le revenu d'une famille de quatre personnes pouvait varier en 1985 entre 35 % du seuil de pauvreté au Mississippi, 38 % au Texas, 44 % en Floride, 64 % à New York, 68 % en Californie et 74 % en Alaska, pour ne citer que quelques exemples. Il n'y a pas de raison

Tableau 6 Coupons d'alimentation : bénéficiaires et dépenses							
	1965	1970	1975	1980	1982	1983	1984
Nombre de bénéficiaires (millions)	0,4	4,3	17,1	21,1	21,7	23	22,4
Montant des dépenses (milliards)	0,03	0,6	4,4	9,6	10,8	13,3	13,3

Source : *Statistical Abstract of the US*, 1984, 1986
Tableaux 204 (1984) et 598 (1986) (extraits).

de penser que la situation se soit améliorée depuis, au contraire. Il faut cependant rappeler que les bénéficiaires de l'AFDC ont un droit d'accès au *Medicaid* et peuvent, dans certains cas, obtenir une subvention partielle au logement. Enfin, il n'y a pas d'allocations familiales aux États-Unis.

Y a-t-il un État-providence aux États-Unis ?

Au terme de la présentation des principaux programmes qui concourent à la protection sociale, on peut soulever la question, souvent débattue parmi les spécialistes de la politique sociale, de savoir si les États-Unis ont un État-providence dans le plein sens du terme. La réponse est, à mon avis, clairement positive — l'exposé des divers programmes devrait en fournir l'évidence —, même s'il faut lui apporter plusieurs nuances.

Après les grandes réformes des années soixante et la dernière mesure importante votée en 1972, le *SSI,* les États-Unis se retrouvent avec un système de protection sociale à la fois très développé et incomplet, dans le sens où la protection comporte de nombreuses failles, en particulier dans le domaine de la santé, et par le fait également qu'il n'autorise pas un accès universel aux prestations et aux services sur la seule base du besoin. Ce système est en outre extraordinairement complexe étant donné l'absence complète de plan d'ensemble ou de principe directeur de son développement, la multiplicité des intérêts particuliers qui ont présidé aux décisions de créer tel ou tel programme, les négociations entre les partis, entre l'exécutif, le Congrès et le Sénat qui ont contribué à étendre ou réduire tel ou tel projet de loi, cibler tel groupe de population en particulier, etc. Toute tentative de rationaliser les programmes, d'en améliorer la coordination a systématiquement échoué à cause de la multiplicité des intérêts divergents qui y sont associés.

Le système de la protection sociale a été par ailleurs conçu, développé, géré comme un système dual. La séparation des deux régimes d'assurances et d'assistance est très profondément inscrite dans la tradition et la culture américaines, mais aussi dans la structure d'organisation et de financement du système. Contrairement à ce que beaucoup d'Américains imaginent, l'État-providence aux États-Unis n'est pas destiné aux pauvres d'abord, mais avant tout aux personnes âgées qui, en majorité, ne sont pas pauvres. Plus de 50 % de la totalité des dépenses sociales vont aux personnes de plus de 65 ans (1). En outre, sur la base des données de 1981, Harrington rapporte que près de 87 % des paiements effectués par le gouvernement fédéral à des individus sont destinés à des personnes qui ne sont pas pauvres (2). Sans contester la validité de ces chiffres, il convient tout de même d'en préciser la signification. Harrington, dans *The New American Poverty,* a à cœur de montrer combien les pauvres sont mal desservis par l'État-providence, contrairement à la représentation générale d'un État qui aurait permis aux pauvres de se pendre à ses basques. Mais il faut bien préciser que ce sont justement les transferts qui permettent à une bonne partie des bénéficiaires de ne pas être pauvres. La limite entre la pauvreté et la non-pauvreté est si étroite qu'il suffirait, par exemple, selon le *New York Times* (3), que l'on élimine l'indexation au coût de la vie

---

(1) Voir Neil Gilbert, *Capitalism and the Welfare State,* New Haven, Yale University Press, 1983, pp. 70 et suiv.
(2) M. Harrington, *op. cit.,* p. 89.
(3) *New York Times,* 20 février 1985, p. 11.

de toutes les prestations fédérales pendant une seule année pour précipiter 530 000 personnes dans la pauvreté. Il demeure néanmoins qu'une large partie des classes moyennes bénéficie directement de l'extension des programmes de l'État-providence, en particulier en ce qui a trait au financement de l'éducation, au régime de retraite, au *Medicare*. Ces classes moyennes ont également un attachement privilégié à l'État-providence à cause du développement des services qu'il a suscité, des politiques d'emploi favorables aux femmes et aux minorités qu'il a promues. Dans ce sens, l'intervention de l'État-providence dépasse en signification, pour les classes moyennes, toute la panoplie des programmes. C'est une institution vitale pour elles. Au-delà de la critique du *Welfare* et des comportements des pauvres, c'est justement ce lien privilégié qui unit l'État-providence et les classes moyennes que le reaganisme va mettre en cause.

Troisième partie

Les années Reagan et la politique sociale

Les programmes d'assurances et d'assistance sont certes les instruments de base d'implantation des choix de politique sociale, mais la politique sociale ne se limite pas aux programmes sociaux. Elle a partie liée avec les changements économiques, en particulier la transformation de l'emploi, l'évolution des revenus et de leur distribution, avec la fiscalité. Elle est intimement associée aussi avec la législation du travail, la structure des salaires, l'évolution démographique de la main-d'œuvre. Elle est partie prenante de la constitution et du développement des classes moyennes dont elle prépare l'éducation et favorise donc la mobilité sociale, dont elle assume une part croissante de l'emploi par la création d'organisations de services, la stimulation du professionnalisme, dont elle consolide les revenus par les programmes de transferts. Elle a partie liée aussi avec l'évolution du consensus social sur la nature des biens publics et leur relation avec les biens privés.

Les « années quatre-vingt » représentent dans notre analyse de la politique sociale plus qu'un repère temporel. Elles marquent un changement, plus précisément un *déplacement* économique, sociologique, politique et idéologique, tout à la fois, de la société américaine, dont le signal formel remonte aussi loin qu'à la crise de l'énergie de 1973. Les rôles de l'État et de la politique sociale vont se trouver au cœur d'une controverse dont les racines plongent dans ce « déplacement » aux multiples dimensions. Le reaganisme en est le produit — il n'arrive pas « par hasard » — et en même temps la cause — il en accélère le processus. Cette troisième partie envisage la politique sociale des années Reagan dans ce double mouvement : repérer d'abord ce qui l'induit, en sélectionnant dans ces « déplacements » ce qui affecte le plus directement la politique sociale ; présenter ensuite ce qu'elle produit et ce qu'elle vise à produire comme effets sociaux.

Tout semble se déplacer en même temps dans la société américaine qui annonce les années quatre-vingt : l'essor économique qui avait permis un mode de vie fondé sur une consommation et un gaspillage effrénés prend fin brutalement ; l'économie perd sa compétitivité, le chômage et l'inflation croissent simultanément, menaçant directement les classes moyennes ; les dépenses de consommation qui dépassent dès 1974 les revenus après impôts ne peuvent être maintenues que par l'augmentation des paiements de transferts et l'élargissement du crédit à la consommation ; les taux d'intérêts et les taux d'imposition s'envolent, mettant en péril l'assise économique des classes moyennes ; la confiance dans les institutions gouvernementales est ébranlée non seulement par la défaite du Viêt-nam, le scandale du Watergate, mais par un questionnement beaucoup plus large et diffus sur la légitimité de l'intervention gouvernementale, par exemple dans les domaines de la politique sociale, des relations raciales, de la promotion des droits socio-économiques. Le système politique, enserré dans les griffes des *lobbies* d'intérêts, semble paralysé : le processus de décision ne fonctionne plus, alors que les coûts de la gestion de la bureaucratie gouvernementale et des programmes catégoriels résultant de la pression des groupes d'intérêts ne cessent d'augmenter. Le consensus politique et économique sur lequel ont reposé les vingt-cinq années qui ont marqué l'apogée de la puissance américaine s'est épuisé.

1

L'Amérique des années quatre-vingt

Un déplacement de l'emploi et du revenu

L'industrie américaine a été dévastée par les répercussions de la crise de l'énergie, et une partie importante du grand patronat a pris l'option de favoriser un désinvestissement systématique et généralisé de la capacité productive du pays, au profit d'investissements rentables à très court terme. La prévalence des activités financières des entreprises sur leur activité industrielle, les fermetures d'usines, les faillites ont entraîné la perte de 21 millions d'emplois au cours des années soixante-dix, une érosion qui s'est poursuivie à un rythme annuel moyen de près de 2 millions d'emplois au cours des années quatre-vingt.

Ce processus de désindustrialisation (1) entraîne, avec la destruction des emplois, la disparition de la protection syndicale, des droits acquis, de la qualification, des hauts salaires. Dans les entreprises qui demeurent, et qui tentent de conserver leur compétitivité, le patronat va s'efforcer d'obtenir des concessions salariales majeures en vue de baisser les coûts de production ou d'opération. Plusieurs entreprises engagent alors une lutte sans merci contre les syndicats, retenant les services de firmes spécialisées dans la lutte anti-syndicale qui, en échange d'une promesse d'amélioration des conditions de travail, tentent d'obtenir des employés qu'ils révoquent leur affiliation syndicale. L'instauration systématique d'une double, voire d'une triple échelle salariale pour le même travail se répand rapidement. Les nouveaux travailleurs sont embauchés à seulement 85 %, parfois même à 50 % du salaire des anciens, souvent avec l'accord du syndicat. Comme le roulement de la main-d'œuvre est très élevé, la grande majorité des employés se retrouvent, en quelques années à peine, avec des salaires réduits.

Partout le syndicalisme est en déclin, soit parce qu'il apparaît inefficace et impuissant face aux pertes d'emplois, soit parce qu'il est activement combattu lorsqu'il est implanté, ou lorsqu'il cherche à s'implanter. Le taux de syndicalisation de la main-d'œuvre a régulièrement baissé aux États-Unis, passant de 35 % en 1954 à 17 % à peine aujourd'hui, le déclin étant beaucoup plus marqué dans le secteur industriel que dans le secteur des services, dans l'entreprise privée

---

(1) Barry Bluestone and Bennett Harrison, *The Deindustrialization of America,* New York, Basic Books, 1982.

que dans les services publics. Pendant la seule récession de 1982-83, la grande fédération syndicale AFL-CIO a perdu plus de 1,5 million d'adhérents, soit près de 10 % de ses membres. La relance du secteur de l'automobile, conjointement avec les firmes japonaises, est l'occasion d'implanter de nouveaux modes de gestion de la main-d'œuvre : le syndicat est banni de l'entreprise, on recherche une main-d'œuvre capable de flexibilité, prête à « partager les risques autant que les bénéfices » de l'entreprise, dont la rémunération est variable, dépendant de l'évaluation de la contribution du travailleur, de son apport de connaissances, de son implication dans l'entreprise.

Certes, l'économie américaine n'a pas fait que perdre des emplois. Elle en a créé un nombre considérable dans les années soixante-dix, d'autant plus que les États-Unis ont connu une croissance exceptionnelle de leur main-d'œuvre pendant cette période. 12 millions de nouveaux emplois ont été créés entre 1975 et 1980, 7 millions entre 1980 et 1985. Mais la très grande majorité de ces emplois dépendent du secteur des services et non du secteur manufacturier. Les emplois du secteur des services intégrés aux activités commerciales et industrielles, au développement desquelles ils sont indispensables, ou encore aux activités professionnelles, indépendantes, bénéficient généralement d'excellentes conditions de travail. En revanche, ceux qui sont reliés à la distribution (restauration, surveillance, entretien) ou à la sous-traitance, secteur où l'on note le plus fort taux de création d'emplois — environ 25 % de tous les nouveaux emplois —, connaissent le plus souvent une grande précarité : conditions de travail peu favorables, faible rémunération, bas niveau de qualification. On y retrouve de façon disproportionnée les jeunes, les femmes, les minorités et aussi un nombre important d'anciens travailleurs manufacturiers, surtout s'ils sont âgés de plus de 40 ans.

Une étude menée pour le comité économique du Congrès a montré que sur les 8 millions d'emplois créés entre 1979 et 1984, près des trois cinquièmes n'offraient qu'un salaire inférieur à 7 000 $ par an, ce qui correspond à un emploi à plein temps au salaire minimum et à un revenu égal à 60 % environ du seuil de la pauvreté pour une famille de quatre personnes. L'étude montre également que les travailleurs blancs qui ont été traditionnellement les salariés américains les mieux rémunérés sont les grands perdants de ces transformations. Au cours de cette période, 97 % d'entre eux ont dû se contenter d'emplois rapportant moins de 7 000 $. A cette chute de revenu et de statut s'ajoute le fait que la grande majorité de ces emplois n'offrent aucune protection syndicale, médicale ou de retraite, avec les conséquences désastreuses que nous avons signalées précédemment. Une autre étude, du ministère du Travail celle-là, portant sur 2 millions de travailleurs ayant perdu leur emploi pour des raisons de fermeture d'entreprise entre 1979 et 1984, puis retrouvé un nouvel emploi, montre que la rémunération du nouvel emploi était égale ou supérieure à celle du précédent dans 55 % des cas seulement et, donc, inférieure dans 45 % des cas. Il est reconnu aujourd'hui que les emplois perdus dans la production industrielle sont généralement remplacés par des emplois dans les services, mais à un salaire d'environ la moitié du salaire industriel antérieur, et sans la protection sociale associée aux emplois syndiqués (1).

D'une façon croissante, entre la fin des années soixante-dix et le début des années quatre-vingt, une

---

(1) *Washington Post*, National Weekly Edition, 19 janvier 1987, p. 9, et 4 mai 1987, p. 5.

	1970	1975	1980	1985	Variation 1970 - 1985
					Tableau 7 **Revenu familial, par catégories de revenu, 1970-1985, en dollars constants de 1985**

Tableau 7

Revenu familial, par catégories de revenu, 1970-1985, en dollars constants de 1985

	1970	1975	1980	1985	Variation 1970 - 1985
– 15 000	21,9 %	22,6	23,2	23,5	+ 7,3 %
15-35 000	45,9 %	43,4	42,2	39,4	– 14,2 %
35-50 000	19,3 %	20,0	19,5	18,8	– 2,6 %
15-50 000	65,2 %	63,4	61,7	58,2	– 10,7 %
50 000 +	13,0 %	13,9	15,1	18,3	+ 38,7 %

Source : *Bureau of Census, Consumer Income,* série P-60, n° 154, 1985, tableau 3 (extraits)

partie des classes moyennes ont connu une dégradation de leur niveau de vie reliée à une précarisation nouvelle de l'emploi. Le tableau 7 illustre l'augmentation très sensible de l'écart entre les revenus familiaux entre 1970 et 1985. Dans ce tableau, j'ai regroupé les revenus (en dollars constants de 1985) en quatre catégories : moins de 15 000 $, ce qui correspond aux revenus des bas salaires et des pauvres (seuil de la pauvreté en 1985 : 10 989 $ pour une famille de quatre personnes) ; de 15 à 35 000 $, le cœur de la classe moyenne ; de 15 à 50 000 $, la classe moyenne incluant la classe moyenne supérieure ; 50 000 $ et plus, la classe supérieure de revenus.

En quinze ans, le pourcentage de familles dont le revenu est inférieur à 15 000 $ a augmenté régulièrement, de même que le pourcentage de familles dont le revenu est supérieur à 50 000 $, particulièrement entre 1980 et 1985. En revanche, le pourcentage de familles à revenus moyens, y compris moyens supérieurs, n'a cessé de diminuer. Il se produit donc une nette séparation au sein de la classe moyenne de revenus qui, pour une partie, connaît un déclin marqué et, pour une autre, des gains substantiels. Ce phénomène est souligné par plusieurs analystes qui parlent d'un effritement de la position des classes moyennes. Ils notent le déclin du salaire horaire moyen depuis le milieu des années soixante-dix, du salaire hebdomadaire moyen depuis 1973 (−14,3 % en dollars constants), du revenu familial médian depuis 1969.

La situation d'une partie des familles des classes moyennes s'est indéniablement détériorée. D'ailleurs, les Américains travaillent plus aujourd'hui que dans les années soixante-dix. Un sondage Harris mené en octobre 1985 indique que le nombre médian d'heures consacrées au travail ou aux activités reliées au travail s'est accru de 20 % entre 1973 et 1985, passant de 41 à 49 heures, et que cet accroissement est directement nécessité par la préoccupation du maintien du revenu. Le maintien du pouvoir d'achat familial est d'ailleurs obtenu par la participation croissante du conjoint à la force de travail. En 1984, 56 % des familles pouvaient compter sur deux revenus au moins, portant le revenu médian de ce type de famille à 31 710 $, comparativement à 20 295 $ pour un seul pourvoyeur. Le phénomène de la participation croissante des femmes à la force de travail et du déclin régulier de la participation des hommes (le taux de participation des femmes est passé de 38 % en 1960 à 54,5 % en 1985 ; celui des hommes de 83 % en 1960 à 76,3 % en 1985) permet d'expliquer la diminution régulière du revenu de travail — puisque les femmes touchent en moyenne 65 % du salaire des hommes — en même temps qu'il confirme le déclin de l'emploi industriel typiquement masculin et l'essor de l'emploi peu qualifié dans le secteur des services.

Un déplacement sociologique et politique

Le rôle du gouvernement fédéral dans la constitution des classes moyennes a été déterminant par l'ampleur du développement des organisations de services qu'il a suscité. La mise en cause de ce rôle depuis les années soixante-dix représente un autre facteur du déplacement sociologique, économique et politique à l'œuvre dans la société américaine. Dans un ouvrage célèbre de 1980 : *The Zero-Sum Society, Distribution and the Possibilities for Economic Change* (1), l'économiste Lester C. Thurow a mis en évidence le rôle déterminant de l'État fédéral dans la création de l'emploi pour les classes moyennes et dans le soutien de leur pouvoir d'achat par l'extension des politiques sociales. En outre, les classes moyennes sont un produit à la fois de l'essor économique et de l'intervention étatique, tant par le développement des services que par les mesures de transferts. Les classes moyennes ont partie liée avec l'État dès que celui-ci entre dans un processus d'altération des lois du marché, qu'il s'agisse de redistribution fiscale ou de réglementation de la discrimination sexuelle ou raciale, par exemple.

En ce qui concerne l'emploi, Thurow souligne (2) qu'en 1976 les divers niveaux de gouvernements employaient 18,4 % de la population active, soit 21 % de l'ensemble des femmes actives, 16 % des hommes, 25 % des Noirs. L'emploi gouvernemental diffère de l'emploi privé en ce qu'il recourt à un nombre de professionnels beaucoup plus élevé : 35 % de tous les professionnels masculins, 50 % de tous les profession-

---

(1) Lester C. Thurow, *The Zero-Sum Society, Distribution and the Possibilities for Economic Change,* New York, Basic Books, 1980.
(2) *Op. cit.,* p. 162.

nels féminins. C'est donc dire que les femmes fortement scolarisées, en particulier, dépendent considérablement de l'emploi gouvernemental. Femmes et minorités y bénéficient de salaires supérieurs, jusqu'à 44 % pour les Blanches et 53 % pour les Noires, au groupe équivalent dans le secteur privé. En outre, le gouvernement contribue à l'emploi de 11 % de la main-d'œuvre non gouvernementale par ses achats de biens et de services. Pour l'économie du pays, autant que pour les classes moyennes, toute modification du niveau de l'emploi, des rémunérations ou des achats constitue donc une opération extrêmement sensible.

Non seulement le gouvernement est un pourvoyeur d'emplois pour les classes moyennes, mais les échelles de salaires qu'il pratique sont moins étendues que celles du secteur privé : les 60 % des salariés gouvernementaux les moins bien payés se partagent 33 % de la masse salariale (par rapport à 25,4 % dans le secteur privé) ; les 40 % les mieux rémunérés, 67 % (74,6 % dans le secteur privé). Le gouvernement contribue également à construire les routes, les écoles, les parcs que la classe moyenne utilise, il finance de larges pans de l'éducation supérieure. Il organise non seulement une forme de redistribution qui a permis de compenser le déclin régulier du revenu familial au cours des années soixante-dix, de réduire considérablement la pauvreté grâce aux paiements de transferts qui comptent pour deux tiers du revenu des 20 % les plus pauvres de la population, mais il a véritablement été le maître d'œuvre de la réduction de l'écart de revenu entre les sexes et les races, contribuant ainsi directement à la promotion économique, professionnelle et civique des femmes et des minorités. Par l'injection de centaines de milliards de dollars dans l'économie, sous forme de transferts ou de services, le gouvernement provoque une stimulation considérable de la production et de l'emploi.

C'est à cette forteresse de l'État-providence et à sa collusion avec les classes moyennes que le reaganisme et plus généralement les intérêts conservateurs des années quatre-vingt vont s'attaquer. Perdant l'initiative, les intellectuels et politiciens libéraux, qui avaient pendant un quart de siècle eu la main haute sur la définition des problèmes et la production d'une idéologie légitimant une intervention étendue de l'État, vont devoir abandonner le terrain aux intellectuels des fondations et des *think tanks* conservateurs, soutenus par les milieux d'affaires. Le parti démocrate lui-même, porteur depuis cinquante ans des intérêts des travailleurs blancs syndiqués, et plus récemment de ceux des classes moyennes de services, des femmes, des minorités, des pauvres, bref de tous les groupes qui dépendent directement de l'intervention de l'État, miné par les intérêts de plus en plus contradictoires de ses constituants et les clivages raciaux, va progressivement emboîter le pas de la critique conservatrice.

L'affaiblissement du pouvoir syndical se manifestera au sein même du parti, augmentant du même coup l'influence des milieux d'affaires et surtout d'une nouvelle élite professionnelle constituée de jeunes gestionnaires, juristes, spécialistes des finances, des médias ou encore de la haute technologie. C'est le phénomène sociologique des *Yuppies*, ces jeunes professionnels aux revenus très élevés, élite du secteur des services, résidant dans les *suburbs*, sensibles à l'environnement et à la qualité de la vie. Généralement libéraux pour ce qui a trait aux valeurs et aux comportements privés, ils sont conservateurs sur les questions de politique sociale et fiscale : ils sont opposés à la redistribution des revenus, à la sécurité sociale et à l'intervention étatique dans ces domaines. L'influence conjuguée des *Yuppies,* des milieux d'affaires et des travailleurs, conservateurs en matière de politique sociale, explique pourquoi les représentants démocrates au Congrès pourront, dès 1978, adopter des lois — telle celle qui réduit le taux d'imposition sur les gains de capitaux de 48 % à 28 % — qui contredisent des décennies de tradition redistributive. En 1981, les représentants démocrates adopteront dans leur majorité une série de lois fiscales si régressives (voir troisième partie, chapitre 4) que le sénateur Moynihan commentera à ce sujet : « Nous avons défait en trois jours trente ans de législation sociale. »

La mobilisation des milieux d'affaires

Face au déclin de la performance des entreprises, les milieux d'affaires vont se mobiliser et se réorganiser pour lancer une attaque systématique contre le syndicalisme, contre l'intervention étatique en matière de réglementation des relations de travail, de réglementation industrielle, de politique de transferts, les accusant d'être responsables du marasme que connaît l'industrie américaine. Les milieux d'affaires vont utiliser des moyens extraordinaires de communication pour imposer à l'opinion publique leur interprétation de la crise et, au plan politique, faire changer ce qui en 1974 était un Congrès démocrate hostile au patronat en un Congrès favorable à ses intérêts (1) qui sera prêt, dès 1978, à réduire les dépenses sociales, à modifier l'orientation progressive de la taxation et à encourager les dépenses militaires.

La mobilisation politique des milieux d'affaires est sans précédent pour obtenir la remise en cause du

(1) Voir Thomas B. Edsall, *The New Politics of Inequality,* New York, Norton, 1984. En particulier le ch. 3, « The Politicization of the Business Community », dont ces pages s'inspirent.

contrat social signé pendant les années fastes et faire en sorte que l'État se détourne de son rôle de protecteur des travailleurs pour devenir partenaire des entreprises. Développement intensif des lobbies auprès des divers représentants au Congrès, capacité d'identifier des cibles précises sur lesquelles faire converger les énergies, maîtrise simultanée des médias permettant de « créer l'événement », développement de la correspondance informatisée auprès de centaines de milliers de personnes pour les amener à exercer des pressions sur les représentants élus en fonction de cibles choisies, identification socio-démographique très raffinée de publics-cibles, sondages d'opinion permanents, enregistrement systématique et compilation des votes de chacun des élus sur les milliers de lois qui leur sont soumises chaque année, afin de déterminer les profils politiques de chacun d'eux et d'établir au mérite les montants financiers qui seront mis à leur disposition par les intérêts privés lors de la prochaine campagne électorale, constituent autant d'aspects de la stratégie des milieux d'affaires.

Les patrons portent par ailleurs le débat politique et leur volonté d'influencer la formulation de la législation jusqu'au sein de leur entreprise. La politisation des employés et des cadres intermédiaires, en particulier, ainsi que celle des actionnaires est activement poursuivie et encouragée. La compagnie pétrolière *Atlantic Richfield (ARCO)*, par exemple, a dépensé un million de dollars en 1980 pour inciter 15 000 de ses employés à participer activement à des comités locaux d'action politique destinés à « faire passer le message » ou à soutenir certains députés. La promotion du personnel est souvent reliée au zèle déployé. Certaines entreprises sollicitent les contributions de leurs employés au soutien des candidats recommandés. Les contributions sont même, chez *Amoco*, retenues à la source. La compagnie a ainsi récolté plus de 450 000 $ de ses employés pour la campagne électorale de 1980. Chez *United Technologies,* ce furent 245 000 $. 80 000 actionnaires d'*ARCO* reçoivent régulièrement une lettre d'information politique générale qui identifie les enjeux en présence et indique spécifiquement quels sont les intérêts bien compris des actionnaires et les députés prêts à les défendre (1). *Mobil Oil* a dépensé la même année 3,5 millions en annonces publicitaires à contenu exclusivement politique et non commercial : sept thèmes résumant la vision du milieu des affaires sur l'état de l'économie, les causes des problèmes, les solutions apparaissaient successivement en pleine page dans la plupart des journaux. Un comité du Congrès a évalué à 1 milliard les dépenses des entreprises pour de la publicité politique en 1978.

Le syndicalisme constitue une cible de choix pour le patronat américain. J'ai déjà mentionné précédemment les pratiques de pression à la désaffiliation, d'entrave aux processus légaux de syndicalisation. Il faut y ajouter les pratiques courantes de licenciements illégaux qui ont plus que quadruplé entre 1970 et 1980, de mises en faillite d'entreprises et de relance immédiate — tactique légale pour se débarrasser d'un syndicat —, d'intimidation systématique, d'utilisation intensive des périodes de récession pour congédier un nombre excessif de travailleurs, surtout syndiqués, et refuser de les réembaucher lors de la reprise de la production. Officiellement, les lois interdisent plusieurs de ces pratiques, mais il est devenu évident que les patrons préfèrent les violer quitte à se voir imposer des amendes. En 1980, le ministère du Travail a enregistré plus de 31 000 cas de pratiques antisyndicales illégales (2).

---

(1) Edsall, *op. cit.,* pp. 115 et suiv.
(2) Id., pp. 152, 171.

Le patronat a également regroupé ses forces en créant diverses associations de pression, telle la *Business Roundtable* dont l'objectif est de restreindre l'influence et le pouvoir de négociation des syndicats. Tous les grands de l'industrie y participent et la *Roundtable* est devenue le bras politique du *Big Business* qui intervient sur toutes les questions politiques d'intérêt pour le patronat. La *Chambre de commerce* est un réseau qui rassemble plus de 210 000 entreprises et 1 400 associations professionnelles et commerciales ; elle a des ramifications dans toutes les localités de tous les États ; elle parvient à organiser des coalitions d'intérêts en fonction de tel ou tel enjeu, tient un registre des votes des députés et fait le décompte de leurs attitudes favorables au patronat (1). De nombreuses autres associations existent qui toutes contribuent pour des millions de dollars au financement des campagnes électorales des candidats sélectionnés. Elles favorisent en moyenne les candidats républicains dans un rapport de 13 à 1 par rapport aux candidats démocrates. Lors des élections de 1982, le parti démocrate a récolté 39 millions de dollars pour sa campagne, alors que le parti républicain pouvait compter sur 215 millions.

Le *lobby* du business est si puissant qu'il intervient directement dans la rédaction de plusieurs lois présentées au Congrès. Ce sont souvent les avocats mêmes du *lobby* des affaires qui, ayant introduit dans la rédaction du projet toutes sortes de clauses spécifiques, seront à même de les utiliser ensuite le plus habilement au profit de leurs clients. C'est ce *lobby* qui a rédigé les fameuses lois de 1981 qui autorisent des réductions d'impôts de centaines de milliards et des coupures de programmes sociaux de dizaines de

_____
(1) Edsall, *op. cit.*, pp. 121, 126.

milliards (1). Nous y reviendrons aux chapitres 2 et 4.

Les milieux d'affaires se sont également alliés aux intellectuels sympathisants et financent plusieurs fondations de recherche destinées à contrebalancer l'influence — d'ailleurs considérablement réduite — des grandes fondations libérales des années soixante. Les plus connues dans le domaine de la politique sociale sont probablement la *Heritage Foundation*, la *Hoover Institution* de l'Université Stanford et *l'American Enterprise Institute*. Ces fondations sont exclusivement financées par les entreprises pour mener des recherches devant contribuer à réorienter l'intervention étatique, élaborer la critique des programmes existants et produire une alternative aux résultats des recherches universitaires présumément victimes d'un biais libéral. Elles publient chacune une ou plusieurs revues scientifiques et contribuent directement à établir l'agenda politique de l'administration Reagan. Ces fondations sont dirigées par des hommes d'affaires et elles bénéficient de budgets variant entre 10 et 100 millions de dollars annuellement.

L'ensemble de ces initiatives a permis d'imposer les termes de l'analyse de la situation économique, d'en diagnostiquer les causes et d'en définir les solutions, selon les perspectives et les intérêts du *Big Business.* L'analyse a trouvé sa formulation définitive dans une série de numéros de la revue *Business Week* publiés entre 1976 et 1980. Le numéro spécial du 30 juin 1980 en a fourni la synthèse cumulative qui a été immédiatement diffusée comme parole d'évangile par les médias, et qui constitue encore aujourd'hui le diagnostic officiel « universellement » accepté de la situation. L'argument est le suivant — et il résonnera sans doute familièrement aux oreilles de plusieurs :

_____

(1) Thomas B. Edsall, *op. cit.,* p. 126.

l'intervention gouvernementale depuis la guerre a miné la compétitivité de l'économie américaine en la surprotégeant. Les travailleurs sont improductifs, les gestionnaires complaisants, le gouvernement inefficace. L'Amérique s'est désindustrialisée parce que d'autres pays prennent plus de risques, produisent mieux et à meilleur marché. La situation exige un nouveau contrat social. Chacun doit changer ses façons de faire car chaque individu, chaque groupe sera évalué en fonction de sa contribution à la revitalisation économique. Les politiques gouvernementales doivent être évaluées selon ce critère : nuisent-elles à la croissance économique ou la promeuvent-elles ? La croissance doit devenir, en effet, le critère de réévaluation des décisions d'investissements, des négociations salariales et de la politique sociale. L'Amérique ne fonctionne bien que lorsqu'elle reconnaît ces deux vérités cardinales : le *business* est la source de la croissance et du profit ; la puissance militaire est la base du respect qu'inspire l'Amérique au monde entier (1).

Voilà résumée l'idéologie conservatrice du *Big Business* à la veille de l'élection de Ronald Reagan à la présidence des États-Unis. Derrière cette idéologie, on retrouve non seulement la mobilisation des milieux d'affaires mais l'effort de construction au sein du parti républicain d'une coalition conservatrice suffisamment large pour permettre l'institutionnalisation dans le système politique de cette idéologie et des intérêts qui la supportent. Les grands partenaires de cette coalition sont principalement, outre les milieux d'affaires et les représentants de l'appareil du parti, plusieurs associations professionnelles — dont celles des entrepreneurs en construction, des médecins, des courtiers en

---

(1) *Business Week,* 30 juin, 1980, pp. 56-57.

immeubles —, les groupes idéologiques, en particulier religieux fondamentalistes.

Cette coalition consacre le déclin dramatique du syndicalisme qui n'est plus présenté désormais que comme un groupe d'intérêt parmi d'autres et non pas comme une institution fondamentale d'une société démocratique. Dans la mesure, en outre, où nombre de députés démocrates défendent de façon croissante des positions conservatrices, l'Amérique se retrouve dans une situation où les 60 % de la population détenant les revenus les plus faibles ne bénéficient plus d'aucune représentation politique constituée. En effet, les intentions de vote demeurent constantes : les personnes dont le revenu est inférieur à 35 000 $ ont une allégeance démocrate pour deux tiers ; celles dont le revenu est supérieur à 35 000 $ se déclarent républicaines dans une proportion de trois cinquièmes, et, parmi celles qui gagnent plus de 50 000 $, sept sur dix votent républicain. Aux élections de 1984, les Américains dont le revenu est supérieur à 30 000 $ ont choisi Reagan à 69 % ; ceux dont le revenu est inférieur à 15 000 $ ont voté pour le candidat démocrate à 78 %.

2

Les réductions de programmes sociaux et la mise au pas des travailleurs

Le démantèlement de l'État-providence

Les réductions des programmes d'assistance, les tentatives de restreindre les programmes d'assurances, la révision de la réglementation du travail n'ont de réelle portée que dans le cadre du projet conservateur global de démantèlement de l'État-providence. Dans ce sens, les chapitres qui suivent, concernant la restauration du rôle des États, les réformes fiscales et la privatisation des services, sont étroitement reliés. Ils constituent autant d'aspects de la « révolution conservatrice » qu'il faut analyser globalement pour apprécier la portée réelle de cette « révolution ».

L'idéologie conservatrice relative à l'État-providence, telle que nous venons de la voir formulée par *Business Week,* allait trouver auprès des écoles de l'« économie de l'offre » (1), du « Public Choice » (2) et plus spécifiquement dans la fameuse « courbe de Laffer », en ce qui concerne la fiscalité, les éléments théoriques indispensables à une approche cohérente de son projet économique et politique. La « courbe de Laffer » repose sur un raisonnement fiscal et comportemental très simple, exprimé par un graphique élémentaire selon lequel, à partir d'un certain niveau d'imposition, il existe une relation inverse entre les taux d'imposition et les revenus qu'ils procurent, parce qu'un taux élevé d'imposition encourage le développement de l'économie souterraine. Par conséquent, en abaissant les taux, le processus va s'inverser de lui-même, en sorte qu'avec un nombre croissant de personnes réinsérées dans une économie imposable, les rentrées fiscales vont augmenter naturellement. En outre, l'individu adaptant rationnellement son comportement aux incitations mises en place par l'« environnement » (un fardeau fiscal élevé réduit l'effort productif du travailleur qui préfère substituer le loisir au travail et la dépense à l'investissement), il est à prévoir qu'en étant peu imposé, il sera incité à travailler davantage. La croissance économique est, en ce sens, directement reliée aux comportements des travailleurs, et la modification du taux d'imposition deviendra l'instru-

(1) Milton Friedman and Rose D. Friedman, *Free to Choose : A Personal Statement,* New York, Harcourt Brace Jovanovich, 1980.
(2) Gordon Tullock, *Private Wants, Public Means : an Economic Analysis of the Desirable Size of Government,* New York, Basic Books, 1970 ; *Economics of Income Redistribution,* Boston, Nijhoff, 1983 ; James Buchanan, *The Limits of Liberty,* Chicago, University of Chicago Press, 1975.

ment principal de la reprise économique et de la croissance (1). Ce raisonnement a été critiqué par nombre d'économistes et s'est révélé à l'usage complètement erroné. Mais, du point de vue des militants conservateurs, cela importe peu. Une « théorie » vaut par ce qu'elle permet d'entreprendre. Dans une émission télévisée (2), consacrée à l'histoire du mouvement conservateur aux États-Unis, Norman Podhoretz, directeur de la revue conservatrice *Commentary* l'a fort bien expliqué : « ... le mouvement avait besoin d'une théorie économique pertinente face aux problèmes contemporains... le *Business* ne cessait de se lamenter que la fiscalité empêchait les entreprises d'être compétitives... Nous avons alors entendu parler de Laffer et de sa courbe et nous avons pensé que nous avions vraiment là la justification nécessaire pour réduire les impôts. Alors, en 1975, le *Wall Street Journal* a commencé à pousser Arthur Laffer... »

Le raisonnement construit à partir du « paradoxe fiscal » s'étend également aux politiques sociales car elles interfèrent avec les comportements économiques spontanés, permettant aux travailleurs en chômage de retarder leur retour au marché du travail et aux pauvres de se complaire dans leur état. Elles minent également le moral des riches car ceux-ci voient la part de leurs profits qui est transformée en impôts financer une « orgie de programmes sociaux » (Podhoretz) qui démotivent la main-d'œuvre. Il s'ensuit que seules une diminution massive des impôts, des réductions draconiennes dans les assurances et l'assistance sociales vont remettre l'Amérique sur les rails de la croissance.

---

(1) Stephen Rousseas, « The Ideology of Supply-Side Economics », in *Reaganomics in the Stagflation Economy,* edited by Sydney Weintraub and Marvin Goodstein, Philadelphia, University of Pennsylvania Press, 1983, p. 27.
(2) Public Broadcasting System, 20 janvier 1987.

Et ce sont les pauvres qui, les premiers, vont bénéficier de ces réductions car la diminution des impôts et, par conséquent, une plus grande inégalité peuvent favoriser la relance de l'investissement grâce auquel ils pourront être mis au travail. C'est donc une imposition régressive, et non pas progressive, qui va être la plus bénéfique pour eux. Le démantèlement de l'État-providence est la seule façon de régler la pauvreté, le chômage et l'inflation. Ce qui est bon pour les riches et pour l'entreprise est bon pour l'Amérique entière.

Ce positionnement idéologique a directement inspiré l'ouvrage que l'analyste conservateur Charles Murray a consacré en 1984 à la critique des programmes du *Welfare, Losing Ground* (« perdre du terrain ») (1), en référence au recul social et économique dont les pauvres auraient été victimes depuis vingt ans aux Etats-Unis à cause des programmes de la guerre contre la pauvreté. Cet ouvrage a connu un immense retentissement aux États-Unis, non seulement parce qu'il constitue une analyse conservatrice brillante de la politique sociale mais parce qu'il lui confère une crédibilité scientifique. Son auteur, grâce au support financier de groupes conservateurs, a fait en 1984 et 1985 une longue tournée de conférences dans les principales universités américaines pour présenter ses thèses. Il est en outre régulièrement consulté par la Maison-Blanche sur les sujets de politique intérieure.

L'attitude de rejet fondamental de toute forme d'imposition fiscale élevée et redistributive a inspiré le « Programme de relance économique » du président Reagan de février 1981 consistant en une réduction d'impôts de 749 milliards de dollars en quatre ans pour les plus hauts revenus et en des réductions dans les

---

(1) Charles Murray, *Losing Ground*, New York, Basic Books, 1984.

programmes sociaux de 112 milliards pour les années 1982-1985. Le programme avait été conçu par le directeur du Budget, David Stockman, un jeune loup conservateur qui était entré en fonction, selon ses propres termes (1), pour « promouvoir la révolution conservatrice ». Celle-ci exigeait « un assaut frontal contre l'État-providence américain », seul moyen de combler les pertes consécutives à la diminution radicale de l'imposition des hauts revenus. Il fallait « liquider l'État-providence... en éliminant totalement les subventions aux agriculteurs, aux entreprises, à tous les pauvres capables de travailler,... en réduisant la sécurité sociale à des prestations correspondant strictement aux contributions versées par chaque individu ». Mais Stockman, idéologue radical, comme il se qualifie lui-même, apprendra à ses dépens qu'aucun politicien n'était prêt à courir le risque politique et électoral d'une telle révolution.

Les réductions des programmes d'assistance

Les réductions de dépenses sociales, totalisant 112 milliards de dollars (2) inscrites dans le « Programme de relance économique » du président en 1981 concernent quasi exclusivement les programmes d'assistance, alors que les programmes d'assurances n'ont été que très peu affectés, malgré les tentatives répétées du président de réduire les bénéfices de la sécurité sociale. Pourquoi donc les programmes reliés à l'assistance ont-ils été désignés pour porter le

(1) David Stockman, *The Triumph of Politics : Why the Reagan Revolution Failed*, New York, Harper and Row, 1986.
(2) Edsall, *op. cit.*, p. 228.

fardeau des réductions ? Essentiellement parce que les catégories sociales bénéficiaires de ces programmes n'ont pas la capacité d'exercer des pressions suffisantes sur le système politique pour préserver leurs intérêts, alors que, par exemple, les associations de défense des personnes âgées ont réussi à bloquer tout changement substantiel dans le système de retraite. Un ancien haut fonctionnaire de l'administration Reagan raconte explicitement : « Le président voulait éliminer 40 millions dans la sécurité sociale et le *Medicare,* mais on a dû battre en retraite car on s'est rendu compte que 65 % des bénéficiaires étaient des sympathisants républicains. On a pensé alors trouver 300 milliards en supprimant les déductions fiscales relatives aux paiements d'intérêts des prêts hypothécaires et des prêts à la consommation. Mais la plupart de ceux qui tirent bénéfice de ces déductions sont des riches, républicains de surcroît. Il fallut donc se rendre à l'évidence : les programmes où la résistance politique serait la moindre étaient les programhes de lutte contre la pauvreté » (1).

Par ailleurs, comme je l'ai expliqué auparavant, les programmes d'assistance sont aux yeux des conservateurs le symbole même de tout ce qu'ils réprouvent de l'intervention étatique libérale. La décision d'en diminuer brutalement l'importance donne un signal clair à la nation entière : désormais l'éthique du travail doit prévaloir, la dépendance à l'égard de l'État est terminée, chacun doit comprendre qu'il est vraiment responsable d'assurer sa survie par son propre revenu.

Quelques programmes ont été carrément supprimés ; d'autres ont subi des réductions ou ont vu leurs critères d'accès resserrés ; d'autres enfin, telle

---

(1) Lawrence Kindlow, *The Atlantic,* septembre 1984, p. 29.

l'AFDC, ont été la cible de critiques interminables que nous synthétiserons brièvement. La logique d'ensemble de ces restrictions n'est pas immédiatement évidente. Mais, à y regarder de plus près, on constate que l'administration Reagan a cherché à éliminer des programmes toutes les personnes qui ne sont pas absolument pauvres, c'est-à-dire celles qui touchent parfois des revenus minimes de sources diverses, y compris de leur travail. Il faut savoir à ce sujet qu'en 1984, deux tiers des familles pauvres travaillaient au moins à temps partiel et que deux cinquièmes travaillaient à temps plein, ce qui ne les empêchait nullement d'être pauvres. L'administration Reagan a cherché à créer une distinction fondamentale parmi les pauvres entre les personnes entièrement dépendantes des prestations et celles qui jouissent, tels les bas-salariés, d'une autonomie de travail ; parmi les dépendants, elle a créé une distinction stricte entre les inaptes et les aptes au travail, refusant toute aide à ces derniers. Par éliminations successives, elle a tenté de définir un « noyau dur » de nécessiteux, les *truly needy,* qui eux, et eux seuls, à cause de déficits explicitement reconnus — handicaps sévères, maladies graves, infirmités, déficience mentale, âge —, peuvent légitimement compter sur la protection économique et sociale de l'État. Tous les autres doivent être renvoyés au marché du travail, sans que l'État ait à se préoccuper de leur formation, de leur placement et encore moins de créer des emplois. Toutes ces mesures, en effet, sont jugées inefficaces par les conservateurs et source d'interférence avec les mécanismes du marché.

Dans cette stratégie de retrait étatique et de prééminence du marché, l'administration s'est explicitement préoccupée de démanteler tout programme pouvant constituer un élément de revenu garanti que, pourtant, les prédécesseurs de Reagan, Nixon, Ford et

Carter, avaient très sérieusement envisagé comme stratégie de réorganisation du *Welfare*. L'idée même de revenu garanti semble subversive pour l'administration Reagan, car, en acceptant d'accorder un revenu pour des raisons autres que l'absolue nécessité, telle que, par exemple, la responsabilité parentale (AFDC), on enfreint le principe incontournable de l'obligation du travail. A ce point, la famille devient le relais économique indispensable de la stratégie conservatrice de délestage systématique de l'État-providence. Si les conservateurs développent une rhétorique valorisant la famille, c'est essentiellement parce qu'elle est le lieu naturel de la solidarité, le premier maillon dans la chaîne de la responsabilité économique que l'intervention libérale a contribué à affaiblir. En juillet 1987, une proposition de loi pour une vaste réforme du *Welfare* a été présentée au Congrès, parrainée par le sénateur Moynihan. Elle affirme la préséance absolue de la responsabilité familiale dans le support économique des enfants. Travail et famille constituent les deux piliers de la philosophie sociale régnante : de même que le travail est devenu depuis peu obligatoire pour les prestataires de l'AFDC (voir infra), de même la proposition de loi prévoit que le montant nécessaire au soutien des enfants, dans le cas des familles monoparentales, soit prélevé directement à la source, par l'employeur, sur le salaire du père légitime. Par ailleurs, le gouvernement devrait rendre possible l'accès des enfants à des services de garderie, de façon à pouvoir exiger des mères qu'elles aillent travailler dès que les enfants ont atteint l'âge d'un an.

Les programmes d'assistance et le marché du travail

L'acharnement à renvoyer des millions de bénéficiaires de prestations au marché du travail permet non seulement de diminuer les coûts des programmes, mais il concourt directement au but poursuivi par les conservateurs de créer une pression à la baisse sur les salaires et sur les exigences de la main-d'œuvre. Les conservateurs se sont toujours plaint que les mesures de protection sociale interféraient avec la formation des prix et des salaires par le marché. C'est pourquoi ils poursuivent une stratégie de réduction de la protection sociale, au même titre qu'ils combattent activement le syndicalisme et la réglementation du travail par l'administration gouvernementale. Cette perspective d'analyse nous semble éclairer la logique des réductions de programmes. Examinons-en brièvement les principales.

a) Le programme de création d'emplois et de formation professionnelle CETA (*Comprehensive Employment and Training Act*) créé dans les années soixante-dix est éliminé, réintroduisant ainsi 400 000 chômeurs sur le marché du travail. Une économie de 3,8 milliards est ainsi réalisée. Les programmes *Job Corps* (rééducation de jeunes délinquants par le travail et compensation du chômage), autorisant une extension exceptionnelle de la durée maximale des prestations, disparaissent également pour une économie totale, dans le domaine des programmes reliés à l'emploi, de 32,2 milliards pour la période 1982-1985.

b) Le programme AFDC est l'objet de réductions de 1,2 milliard en 1981 qui correspondent à l'exclusion de 500 000 familles à parent unique devant dès lors survivre par leurs propres moyens. Ces familles, comme je l'ai indiqué auparavant, perdent du même coup leur droit au *Medicaid.* Une recherche menée par l'Université du Michigan a montré que l'exclusion de ces familles de l'AFDC a plongé plus de 2 millions d'enfants dans la pauvreté, contribuant directement à la croissance du taux de pauvreté parmi les enfants, qui atteignait 21,3 % en 1984 contre 13,8 % en 1969, et même 24 % chez les enfants de moins de 6 ans.

Un débat opposant libéraux et conservateurs sur le droit pour une mère de ne pas travailler parce qu'elle a la garde d'un ou de plusieurs enfants va durer plusieurs années. Les conservateurs plaident pour une mise au travail des mères dans le cadre de programmes communautaires qui leur inculquent la discipline du travail et justifient leur droit aux prestations du *Welfare.* C'est ce qu'on appelle le *Workfare,* c'est-à-dire le *Work-for-Welfare,* le travail pour justifier le *Welfare.* Les libéraux, quant à eux, ne sont pas hostiles à cette perspective mais ils insistent pour que cette mise au travail n'ait pas lieu avant que l'enfant ait atteint l'âge de la scolarité, que des services de garde soient disponibles, que des programmes de formation et de qualification de la main-d'œuvre soient préalablement dispensés et que des emplois de qualité soient réservés à ces femmes qui font l'expérience du marché du travail, afin que celle-ci soit concluante et durable. Deux grandes expériences opposées font la manchette pendant plusieurs années : celle de la Californie où le *Workfare* conduit des femmes à ramasser les feuilles mortes des parcs publics ou à effectuer de petits travaux pour les municipalités ; celle du Massachusetts où, après plusieurs mois de formation, les femmes deviennent aides-infirmières dans les hôpitaux, secrétaires de bureaux, etc., l'État prenant à sa charge pendant plusieurs mois les frais de garde des enfants, le *Medicaid* pour quinze mois et même les frais de transport jusqu'au lieu de travail, assurant un soutien de counseling à chaque travailleuse pendant toute la première année. Ces expériences ont été débattues, évaluées, critiquées et le Congrès a finalement trouvé la première plus efficace et plus conforme à la philosophie dominante du moment. Il a adopté en juin 1987 une loi rendant obligatoire les programmes de travail pour toutes les femmes bénéficiaires de l'AFDC dont les enfants ont plus de 3 ans, et dans certains cas plus d'1 an seulement. En outre, le financement du programme a encore une fois été réduit à 5,25 milliards, soit une diminution de 3,25 milliards par rapport à l'allocation de 1982, en dollars de 1987. Enfin, près de la moitié des États ont exclu des bénéfices de l'AFDC les pères seuls chefs de famille.

c) Les critères d'admissibilité au programme des coupons d'alimentation *(Food Stamps)* sont également devenus plus restrictifs. Ceux-ci étaient auparavant largement accessibles aux bas-salariés. Désormais, seules les personnes dont le revenu est inférieur à 130 % du seuil de pauvreté y sont éligibles. De plus, le calcul de leur revenu antérieur entre en jeu dans la détermination de leur éligibilité ; les prestations ne sont plus ajustées au taux d'inflation. Une économie de 1,7 milliard est ainsi réalisée. Fait très symbolique, les travailleurs en grève se voient désormais refuser l'admissibilité aux coupons. Plusieurs autres programmes de nutrition destinés en particulier aux enfants d'âge scolaire (repas gratuits, lait gratuit à l'école), aux nouveau-nés, aux femmes enceintes ont été supprimés ou fortement réduits pour une économie de 1 milliard.

d) Le *Medicaid* a diminué de 1,1 milliard, soit 6 %, ses subventions aux États en 1981, puis de 4 milliards pour la période 1982-1985, entraînant ceux-ci à réduire d'autant leurs services aux défavorisés.

e) Le programme de supplément de revenu *(SSI)* destiné aux personnes âgées et infirmes très démunies a vu lui aussi ses critères d'admissibilité devenir plus restrictifs. 600 000 personnes, en particulier déficients mentaux ou infirmes, ont été jugées aptes au travail et ont perdu leurs prestations. Incapables de se défendre, certaines d'entre elles, grâce aux pressions des médias et de députés, ont tout de même été autorisées à aller en appel des décisions administratives. Economie réalisée : 1 milliard.

f) Le programme de subventions au logement *(Housing)* a subi des réductions massives : 22 milliards sur les 32 milliards disponibles ont été retranchés entre 1981 et 1985, affectant 2,4 millions de familles. En 1986 un budget de 15 milliards a été adopté contre la volonté de l'administration Reagan qui voulait le limiter à seulement 2,3 milliards. En juin 1987, le Congrès et le Sénat se sont entendus pour un budget de 15,6 milliards, mais le président a menacé d'y opposer son veto. L'administration a réduit considérablement non seulement le montant des prestations, mais le nombre de bénéficiaires ; elle a interrompu la construction de logements à loyer modéré et réduit le nombre de prêts pour l'acquisition de maisons. 4 millions de personnes reçoivent une aide au logement, mais la demande est estimée à 7,5 millions. Enfin, les loyers des logements publics subventionnés, qui ne devaient pas dépasser 25 % du revenu des familles, ont été haussés à 30 % depuis 1981. L'administration Reagan entend recourir de façon croissante au marché privé en subventionnant au besoin les pauvres par un système de bons (*vouchers*) (voir chapitre 5) qui permettrait ultimement au gouvernement fédéral de se retirer totalement du secteur du logement.

g) Le programme de *services juridiques* assurant aux pauvres des services de défense juridique face aux cours et aux agences gouvernementales a été diminué d'un tiers ; la possibilité de mener des actions de groupe contre des agences fédérales a été rigoureusement interdite ; l'administration Reagan a essayé à six reprises d'éliminer le programme, mais sans succès pour le moment.

La révision à la base des programmes sociaux a été accompagnée d'un examen scrupuleux des dossiers de chaque bénéficiaire, le gouvernement fédéral subventionnant à 75 % les frais d'informatisation des données et des dossiers des bénéficiaires dans les États où le processus n'était pas encore complètement achevé. La présomption de fraudes et d'abus généralisés a servi de justification à une investigation en profondeur du fonctionnement de chaque programme, ralliant le support populaire dans cette lutte contre la malhonnêteté et la paresse. Or, une étude menée par un chercheur de l'*American Enterprise Institute* (conservateur), Jack A. Meyer (1), sur le taux d'erreur et de fraude dans les programmes sociaux a montré qu'à part le programme de coupons d'alimentation (10 % d'erreur), l'ensemble des principaux programmes de transferts connaissaient un taux d'erreur de 5,3 %, contribuant pour 0,5 % à l'ensemble des dépenses fédérales, ou encore pour 3 % au déficit. Et le chercheur de conclure : « Manifestement, il existe un grand écart entre la rhétorique initiale de l'administration Reagan et la réalité du budget fédéral. La rhétorique met en évidence le fouillis du Welfare, le gaspillage, la fraude, les abus et la nécessité d'améliorer la gestion publique en s'inspirant des principes du

(1) Jack A. Meyer, « Social Programs and Social Policy », in *Perspectives on the Reagan Years,* edited by John L. Palmer, Washington D.C., The Urban Institute Press, 1986, p. 81.

secteur privé. La vérité est que le gaspillage et la fraude comptent pour très peu dans les dépenses fédérales... Quant aux coûts de la gestion des programmes, ils varient entre 2 et 5 % de l'ensemble des dépenses. C'est loin d'être scandaleux et on peut se demander combien de groupes dans le secteur privé sont capables d'une telle performance. » (1)

Les programmes d'assurances sociales

a) En ce qui concerne les assurances sociales, l'administration Reagan a été confrontée, en particulier, à la croissance très rapide des coûts de la *sécurité sociale*. Sujet politiquement très sensible, la plupart des propositions de restrictions ont été repoussées par le Congrès, à l'exception du recul de l'âge d'éligibilité à 67 ans — ce qui constitue une injustice économique considérable pour les travailleurs manuels, souvent déjà les moins bien payés, étant donné leur espérance de vie réduite par rapport à celle des employés des services, fonctionnaires et professionnels — et d'une réduction du montant des prestations dès le... XXIe siècle. Le président avait demandé une réduction des rentes à 33 % du salaire moyen (au lieu de 45 %) en vue de favoriser le développement d'un relais par les régimes privés de retraite. Une hausse des cotisations a été la principale proposition retenue pour contrer la menace de déficit qui pèse sur le système. Mais une hausse accentue encore davantage le caractère régressif de ce programme, même si le plafond des revenus imposables a été rehaussé (1).

b) Le programme du *Medicare* n'a pas subi de restrictions.

(1) Meyer, *op. cit.*, pp. 73, 81.

c) En revanche, dans le cas de l'*assurance-chômage,* les prestations ont été diminuées pour les nouveaux bénéficiaires, leur durée réduite, l'obligation imposée d'accepter n'importe quel travail disponible après 13 semaines de prestations. Le supplément fédéral d'assurance-chômage (*Federal Supplemental Compensation*) au niveau des États, qui permet à des chômeurs qui ont épuisé leurs prestations d'assurance-chômage de bénéficier de quelques semaines supplémentaires, a été annulé à partir du 31 mars 1985. 325 000 travailleurs, qui auraient ainsi pu compter sur 8 à 14 semaines de prestations fédérales supplémentaires après avoir épuisé le maximum de 26 semaines autorisé par les États, se sont retrouvés immédiatement sans aide aucune. Dans les mois suivants, 3,2 millions de chômeurs risquaient également d'être affectés par cette mesure. En février 1985, plus de 5,6 millions de chômeurs officiellement recensés ne touchaient aucune prestation. L'ensemble de ces mesures ont eu pour effet, en 1985, alors que le chômage à long terme restait très élevé, de faire chuter à 30 % le nombre de chômeurs qui recevaient des prestations, le plus bas pourcentage jamais enregistré. A titre de comparaison, 70 % des chômeurs touchaient des prestations à la fin des années soixante-dix. Qu'arrive-t-il aux chômeurs qui ont épuisé leurs 26 semaines ? S'ils sont membres d'une famille biparentale, ils n'auront tout simplement droit, dans la plupart des États, à aucune aide ni à aucune protection de *Medicaid,* ni pour leur conjoint, ni pour leurs enfants (1).

_____

(1) On trouvera une excellente synthèse des problèmes de la sécurité sociale dans l'article de Gérald W. Hopple et D. Papademetriou, « L'administration Reagan et la politique sociale : évaluation et spéculations sur l'avenir », *Economie et Humanisme,* 279, septembre-octobre 1984, pp. 50-65.

La mise au pas des travailleurs

Ronald Reagan est le premier président depuis Roosevelt à avoir consciemment utilisé le pouvoir fédéral pour modifier le rapport des forces entre les travailleurs et le patronat. L'examen des réductions ou restrictions appliquées à la plupart des programmes d'assistance et à l'assurance-chômage démontre une nette volonté de la part de l'administration conservatrice de « discipliner » la force de travail, de la remettre systématiquement au travail, de limiter la protection sociale qui contribue à lui permettre d'être moins directement soumise à la logique salariale immédiate.

L'administration a fait sienne la préoccupation du patronat américain de baisser les salaires, de réduire les réglementations du travail et le pouvoir des syndicats. La réinsertion systématique de plusieurs millions de personnes dans le marché du travail, le maintien du salaire horaire minimum à un montant constant de 3,35 $ depuis 1981, ce qui correspond en 1987 à un montant de 2,48 $ en dollars de 1981 (soit 33 % du salaire moyen, alors que, jusqu'à la fin des années soixante-dix, le montant du salaire minimum était fixé à 50 % du salaire moyen), sont des contributions directes à la pression à la baisse sur les salaires. Les difficultés de la syndicalisation, la lenteur mise à régler le nombre croissant d'infractions patronales aux lois du travail, les limitations imposées à l'application de la loi de la santé et de la sécurité du travail (*Occupational Safety and Health Administration*), bête noire de l'administration Reagan qui a diminué d'un tiers le nombre des inspecteurs du travail,

---

(1) Voir John Bickerman, *Unemployed and Unprotected,* Washington D.C., Center on Budget and Policy Priorities, 1985.

alors qu'entre 1981 et 1984 (derniers chiffres disponibles) le nombre d'accidents du travail a augmenté de 13 % et celui des décès sur les lieux du travail de 21 %, constituent autant d'illustrations de ce que le président a appelé « la nécessité pour les entrepreneurs de retrouver des raisons d'entreprendre et pour les travailleurs de retrouver le goût du risque, deux vertus typiquement américaines » (1). On pourrait également évoquer les nominations de personnes explicitement hostiles aux syndicats au Conseil national des relations de travail et même d'avocats spécialisés dans les poursuites judiciaires contre les syndicats au ministère du Travail. Rien d'étonnant à ce que le ministère ait dès lors, par exemple, levé l'interdiction faite aux bureaux de placement gouvernementaux de diriger les travailleurs au chômage vers des entreprises en grève légale, supprimé les coupons d'alimentation aux familles des travailleurs en grève et interdit aux services juridiques (*Legal Services*) d'accepter pour clients des personnes sans revenus par suite d'une grève. En juillet 1987, plus de 8 000 plaintes majeures pour enfreintes patronales aux lois du travail, présentées au Conseil depuis plus de deux ans, attendaient d'être entendues.

L'examen du processus de décentralisation des pouvoirs du gouvernement fédéral vers les États et les gouvernements locaux va mettre en évidence d'autres mécanismes qui contribuent à réduire la protection sociale et économique des personnes assistées et des travailleurs.

_____
(1) R. Reagan, discours devant la Chambre de commerce de Washington D.C., *Washington Post,* 20 juillet 1984.

3

« Le nouveau fédéralisme »

Dans la répartition des pouvoirs entre l'État central et les États de l'Union, l'administration Reagan va constamment chercher à accorder aux États le maximum de responsabilités puisque, dans l'idéologie conservatrice, l'État fédéral aurait, en particulier au cours des années soixante et soixante-dix, usurpé les pouvoirs des États. C'est là le « nouveau fédéralisme » qui entend en dernier ressort restaurer la souveraineté des États. En réalité, depuis la guerre de Sécession, la souveraineté et l'indépendance des États ont fait place au principe d'une union d'États non souverains par une décision de la Cour suprême en 1869. Or, l'administration Reagan prône activement une séparation des rôles et des sources de financement du niveau central d'une part et des États et localités d'autre part. La revalorisation de ces niveaux de gouvernement correspond à la volonté maintes fois proclamée par le président de réduire la taille et l'influence du gouvernement central, symbole pour les conservateurs d'un accaparement fiscal indu et d'une usurpation du pouvoir par des bureaucrates et des politiciens libéraux qui prétendent dicter leur volonté à un peuple dépouillé de ses ressources et bafoué dans sa sagesse fondamentale. « Nous allons mettre fin à cette idée que le payeur de taxes américain existe pour faire vivre le gouvernement fédéral... nous allons mettre fin à ce manège où notre argent devient l'argent de Washington qui doit être dépensé par les États et les villes exactement de la façon que leur imposent les bureaucrates fédéraux », déclare Ronald Reagan devant le Congrès en 1981.

Si l'État fédéral a, depuis le *New Deal,* joué un rôle croissant dans la politique sociale par rapport aux États, c'est parce que ceux-ci connaissaient, à la suite de la crise des années trente, une situation financière si catastrophique qu'il leur était devenu impossible de répondre aux besoins des plus démunis. Par la suite, dans les années qui ont précédé la guerre contre la pauvreté, la situation faite aux pauvres était devenue si inégale entre les États, particulièrement dans le Sud qui connaissait alors une mobilisation raciale croissante, que l'État fédéral décida d'intervenir directement pour contrer les bastions de conservatisme que constituaient les gouvernements de la plupart des États. La stratégie fédérale consista à s'adresser directement aux gouvernements locaux, dans le cadre de programmes très précis, définis et contrôlés depuis Washington, ignorant les gouvernements des États. Cette stratégie qui a, par exemple, caractérisé tous les programmes de la guerre contre la pauvreté a été rendue possible par l'emprise de cette culture technocratique, mélange de rationalité, de professionnalisme et de libéralisme, qui a caractérisé les interventions fédérales des années soixante (1). Elle a également prévalu sous les présidences de Nixon et de Ford qui ont tenté de décentraliser plusieurs programmes directement auprès des gouvernements locaux.

La question du « nouveau fédéralisme » renvoie à un débat sur les rapports entre les niveaux de gouvernement que l'histoire semblait avoir définitivement tranché, et remet en cause une évolution du rôle de l'État central dans l'intégration économique, fiscale et sociale de la nation, qui paraissait avoir démontré sa nécessité. De façon cohérente, avec sa volonté de couper les programmes sociaux, de toujours privilégier le marché et le secteur privé, de réviser en profondeur la fiscalité en vue d'en limiter les effets redistributifs (voir infra), l'administration conservatrice va tenter d'inverser vigoureusement le mouvement de centralisation étatique au profit de l'exercice d'un rôle beaucoup plus actif des États. Sa stratégie fait partie intégrante de la « révolution conservatrice » inaugurée par l'élection de 1981.

La volonté présidentielle d'accroître l'influence des États a pris corps dans la stratégie des « subventions groupées » (*block grants*). Il s'agit d'un regroupement de transferts fédéraux aux États pour l'exercice de responsabilités générales relatives à la santé, à l'aide sociale, à l'éducation, à l'exercice de la justice et de la police, et au développement communautaire. L'argent doit être dépensé dans le domaine pour lequel il est attribué, mais les États et les gouvernements locaux sont libres de décider de l'utilisation spécifique des

---

(1) Voir Michel Crozier, *op. cit.*, 1re partie, ch. 3.

fonds. Ces « subventions groupées » s'opposent donc à l'approche catégorielle qui a prévalu pendant vingt ans et qui consistait à financer des projets très précis (les conservateurs disent « *Throwing money at problems* » : « jeter » de l'argent pour régler les problèmes, comme on jette de l'eau sur un feu pour l'éteindre) sous la supervision de fonctionnaires fédéraux. Elles ont en fait été inaugurées dès 1968 dans le domaine de la lutte contre la criminalité, et 1974 dans celui de l'habitation, mais le président Reagan les a généralisées en fonction non plus d'une stratégie managériale de décentralisation, mais d'une volonté de changer durablement les rapports de pouvoir entre les niveaux de gouvernement.

Le regroupement des subventions et la marge de manœuvre qu'il autorise s'accompagnent cependant d'une réduction du montant global des programmes qu'il réunit d'environ 25 %, que les États sont libres de combler ou non, pouvant donc choisir d'augmenter leurs revenus ou de diminuer les services et les prestations. Les *block grants* ne sont que le premier pas d'un désengagement progressif de l'État fédéral qui devait initialement amener les États, en dix ans, à ne plus pouvoir compter que sur une participation fédérale de 4 % à leurs budgets, au lieu de 25 % qu'elle était en 1981. La réaction des États à ces initiatives a été très variée, à la mesure de la diversité de leurs situations financières et politiques respectives. D'une façon générale, ils ont accepté le principe des subventions groupées, avec leur réduction globale, en échange d'une grande latitude dans leur utilisation. En revanche, ils se sont opposés non pas bien sûr à l'accroissement de leurs pouvoirs, mais au retrait de la contribution fédérale. Son impact serait en effet considérable puisque les États et gouvernements locaux recevaient encore plus de 50 milliards par année en subventions fédérales, dans le premier budget conservateur de 1981. Or, la possibilité pour les États de lever de nouveaux impôts est à peu près nulle. D'une part, en effet, un grand nombre d'États ont vu naître à la fin des années soixante-dix des « révoltes de payeurs de taxes », comme on les qualifie, c'est-à-dire des mouvements de contribuables, généralement bien nantis (1), qui ont obtenu par référendum populaire le passage de lois obligeant les États à baisser leur niveau d'imposition, ou à en limiter la croissance de façon draconienne. Ces révoltes, dont l'exemple le plus célèbre est celui de la « Proposition 13 » de Californie en 1978, qui a limité l'impôt foncier à 1 % de la valeur marchande d'un grand nombre de propriétés, ont contribué à accentuer le caractère déjà traditionnellement fortement régressif de l'imposition fiscale des États (voir infra). D'autre part, plusieurs États, particulièrement dans le Nord-Est, sont frappés au début des années quatre-vingt par une véritable crise fiscale directement reliée au déclin brutal de leur infrastructure industrielle. Il est, dans cette situation, presque impossible d'augmenter la charge des contribuables, d'autant plus que ne manquent pas ceux qui soulignent que ces États déficitaires sont aussi ceux qui ont le plus développé leurs programmes sociaux, qui offrent les prestations les plus généreuses, étant des États où le taux de syndicalisation de la main-d'œuvre est élevé et le parti démocrate bien implanté.

Même si les gouvernements des États sont généralement réputés pour être conservateurs dans la gestion des fonds publics, particulièrement en période de récession économique, et si, par conséquent, la situation financière de la plupart d'entre eux est bonne en 1987, au point même que plusieurs réduisent les impôts en retournant des surplus aux contribuables, ils

(1) Robert Kuttner, *Revolt of the Haves*, New York, Simon and Schuster, 1980.

ont cependant résisté au plan de décentralisation fédéral, et le projet semble aujourd'hui dans une impasse. Il est tout de même prévu que la contribution fédérale soit réduite à 31 milliards en 1991, amenant certains gouverneurs à envisager l'avenir avec inquiétude : « Le gouvernement fédéral s'est paralysé lui-même et il est en train de paralyser les États », a déclaré le gouverneur démocrate Bragg du Tennessee, endossant la position de la Conférence des maires des villes américaines (1).

Les conséquences de ce processus de décentralisation sont énormes pour la politique sociale. Déjà, le retrait du gouvernement fédéral des domaines de l'éducation primaire et secondaire, ainsi que des services sociaux, est à peu près achevé. L'autorité des États prévaut dans la détermination des critères d'admissibilité et du montant des prestations de plusieurs programmes. Les réductions sont systématiques partout, et la croissance des inégalités de traitement entre les États flagrante. La longue quête pour l'établissement de normes nationales uniformes pour les services publics, commencée avec le *New Deal,* est maintenant brisée (2). Une étude portant sur les effets des « subventions groupées » dans dix-huit États (3) montre que la plupart d'entre eux ont réduit leurs services en les concentrant sur les groupes à risques et sur les populations en grand besoin. Par exemple, la protection des adultes et de la jeunesse l'a emporté sur le planning familial ou les services de garde. Les programmes de développement commu-

---

(1) *Washington Post,* National Weekly Edition, 24 février 1986, p. 4.
(2) John L. Palmer and Isabel V. Sawhill, « Overview », in *The Reagan Record,* edited by John L. Palmer and Isabel V. Sawhill, Cambridge, Ballinger, 1984, pp. 17-18.
(3) George E. Peterson, « Federalism and the States, an Experiment in Decentralization, in *The Reagan Record,* op. cit., p. 241.

nautaires, de soutien aux associations volontaires, de déségrégation scolaire ont partout été supprimés. Le perfectionnement professionnel a été largement abandonné. Quant au financement, les États ont peu recouru à une augmentation des impôts ; ils ont, par exemple, préféré établir un partnership avec l'entreprise privée, incitant celle-ci à « adopter » des écoles ou des équipements publics, autorisant du même coup l'entreprise à tirer au moins un bénéfice publicitaire de cette adoption qui se traduit par une rentrée de fonds supplémentaire.

La grande autonomie de décision et d'action reconnue aux États rend les bénéficiaires des programmes très dépendants des humeurs politiques locales, des stratégies et de la santé financières de chaque État. Les réductions du financement fédéral, réelles ou appréhendées, constituent un incitatif indéniable pour les gouvernements à limiter leur intervention et à ne prendre aucune initiative nouvelle dans ce domaine. C'est un fait unanimement reconnu que la politique au niveau des États est très sensible aux pressions des milieux d'affaires. Qu'il s'agisse d'exploitation des ressources naturelles, d'agro-business, de stratégie industrielle, de spéculation foncière ou de commerce immobilier, les hommes d'affaires sont très présents dans les décisions politiques. Leurs vues sont le plus souvent conservatrices sur les questions de politique sociale, de gestion de la main-d'œuvre, de chômage, de réglementation du travail. La compétition entre les États en vue d'attirer les investissements industriels est également un facteur important de pression à la baisse sur la protection sociale et la législation du travail.

Tous ces éléments contribuent directement à miner les fondements de la protection sociale, et l'administration Reagan est parfaitement consciente qu'elle détient dans la décentralisation du pouvoir fédéral un outil stratégique majeur pour l'accomplissement de son programme conservateur. Non seulement elle produit un bouleversement de la répartition constitutionnelle des pouvoirs gouvernementaux, mais elle trouve là un moyen pratique et efficace de s'assurer que les programmes sociaux, pour l'essentiel maintenant dans les mains des États, soient définitivement limités et renvoyés au dernier rang des priorités budgétaires. Qui plus est, en supprimant, comme nous allons le voir, dans la réforme fiscale de 1986 la possibilité pour les contribuables de déduire de l'impôt fédéral le montant de l'impôt d'État, l'administration Reagan a réussi un coup double magistral. D'abord, étant donné la nature très régressive de l'impôt d'État, elle parvient ainsi à limiter davantage le caractère relativement progressif de l'impôt fédéral, ce qui est son objectif explicite (voir infra). Mais surtout, elle bouleverse le paysage politique au niveau des États, particulièrement parmi ceux qui ont une longue tradition démocrate, en attisant les protestations des « payeurs de taxes ». Tant que ceux-ci pouvaient entièrement déduire leurs contributions, ils n'avaient pas de raison de regimber contre les dépenses, surtout sociales, élevées. Par cette mesure, l'État fédéral contribuait directement à soutenir et à encourager le niveau de dépenses sociales de certains États. Mais à partir du moment où cette déduction n'est plus possible, les contribuables se demandent pourquoi payer jusqu'à quatre fois plus d'impôts dans certains États — comme New York — que dans d'autres — le Texas, par exemple. Les États les plus « interventionnistes » voient inévitablement leurs pratiques profondément bouleversées. Le « nouveau fédéralisme » est pour eux un cadeau empoisonné. Il est aussi un instrument puissant d'implantation ou d'ancrage des perspectives conservatrices, tout en consacrant davantage le retrait fiscal de l'État fédéral puisque l'abandon de la déductibilité de l'impôt d'État correspond à peu près au retrait d'un cinquième de l'aide fédérale aux États et aux localités en 1984.

4

Une fiscalité régressive

Le président Reagan a déclaré lors de son investiture : « Le pouvoir de taxer du gouvernement ne doit pas être utilisé pour régler l'économie ou pour provoquer le changement social. » Il a indéniablement appliqué cette philosophie fiscale. Au plan fiscal et budgétaire, en effet, l'administration Reagan a pris trois décisions majeures en 1981, 1985 et 1986. Elle a tout d'abord réussi à faire adopter au cours des premiers mois de 1981 des réductions d'impôts totalisant 749 milliards de dollars. Ces réductions consistent en une diminution du taux d'imposition des hauts revenus, des revenus autres que les salaires, des gains de capital, ainsi qu'en un abaissement massif de la seule taxe qui corrige la concentration de la richesse, la taxe sur les dons et les héritages. Par rapport aux réductions de programmes, déjà considérables par leurs effets sur les pauvres et sur la redistribution de la richesse, la loi fiscale de 1981 est d'une importance encore beaucoup plus considérable par le changement des rapports économiques et sociaux qu'elle infère. Il est vrai que l'impôt façonne une société et qu'il la façonne durablement. La société reaganienne qui se construit par les décisions fiscales de 1981 est à l'opposé de celle visée par les objectifs fiscaux poursuivis depuis le *New Deal*. Elle est clairement celle des riches qui voient le taux maximum d'imposition de leur revenu passer de 70 % à 50 %, et bientôt, avec la loi de 1986, à 28 % dès 1988. Les conséquences sont immédiatement explicites. Alors que le revenu médian des familles a légèrement diminué entre 1980 et 1984, passant de 26 500 $ à 26 433 $ (en dollars de 1984), l'évolution de la distribution du revenu est devenue beaucoup plus inégale : les revenus des 40 % de la population les moins fortunés ont diminué de 477 $, ceux des 40 % les plus fortunés ont augmenté de 1 769 $ et, même, ceux des 10 % les plus riches se sont accrus de 5 085 $. En termes de quintiles de revenus (pourcentage du revenu global détenu par la population divisée en cinq groupes égaux), l'inégalité de la répartition dépasse, en 1985, celle qui prévalait en 1947, alors qu'entre 1966 et 1980 une diminution relative de l'écart s'était établie de façon durable. Le changement entre 1980 et 1985 est très brutal puisqu'en cinq ans on se retrouve à la case « départ » de l'immédiat après-guerre. Comme je l'indiquerai plus loin, la loi de la réforme fiscale de 1986 devrait encore accroître considérablement la concentration de la richesse. En 1984, une étude publiée par le Service du budget du

Congrès a estimé que les effets conjugués des coupures budgétaires et des nouvelles règles fiscales auraient les conséquences suivantes sur les revenus au cours de la période 1983-1985 : les revenus de moins de 10 000 $ perdraient 1 100 $; ceux de 10 à 20 000 $ gagneraient 160 $; ceux de 20 à 40 000 $, 3 090 $; ceux de 40 à 80 000 $, 8 630 $ et ceux de plus de 80 000 $ s'enrichiraient de 24 260 $. Ou encore, les ménages gagnant moins de 10 000 $ perdraient un total de 23 milliards de dollars, ceux gagnant plus de 80 000 $ s'enrichiraient de 35 milliards. En outre, les 23 % des ménages dont les revenus sont inférieurs à 10 000 $ ont absorbé 52 % des réductions de prestations en 1983 et 38 % en 1984. Les États-Unis sont ainsi devenus le plus inégalitaire des pays industrialisés (1).

Tableau 8
Distribution du revenu après impôts parmi la population divisée en cinq groupes égaux, 1947-1985

	1947	1966	1972	1980	1984	1985
1e Quintile	5,1 %	5,6	5,4	4,9	4,7	4,6
2e Quintile	11,8 %	12,4	11,9	11,6	11,0	10,9
3e Quintile	16,7 %	17,8	17,5	17,9	17,2	16,9
4e Quintile	23,2 %	23,8	23,9	25,1	24,8	24,2
5e Quintile	43,3 %	40,5	41,4	40,6	42,3	43,5
5 % supérieurs				14,1	16,0	16,7

Sources : *Statistical Abstract of the US,* 1986
et *Series,* P- 23, P- 60, 1986.

Ces réductions d'impôts de 749 $ milliards ont été effectuées en théorie dans le but de favoriser une

---

(1) *Washington Post,* National Weekly Edition, 6 janvier 1986, p. 23, et *The Reagan Record,* op. cit., pp. 1 et suiv.

vigoureuse reprise économique grâce à la manne disponible pour l'investissement et grâce aussi à l'incitation au travail que la diminution de l'impôt devait provoquer. Or, six ans après le coûteux pari, rien de cela ne s'est produit. Les États-Unis sont confrontés à un déficit gigantesque de 1 500 milliards de dollars, dépassant la dette de l'ensemble des pays industrialisés et équivalant à près d'une fois et demie la dette de l'ensemble des pays du tiers monde. Pour la seule année 1987, le déficit fédéral va atteindre 200 milliards. La piètre performance de l'économie, la croissance des dépenses militaires, la résistance du Congrès démocrate à réduire davantage les dépenses sociales, en particulier la sécurité sociale, la diminution vertigineuse des revenus d'impôts et le refus catégorique du président d'envisager une réévaluation à la hausse du rendement de l'impôt constituent les principaux facteurs à la source du déficit. Certes, l'inflation et la récession de 1981-82 ont été maîtrisées, principalement grâce à la politique monétariste de la Réserve fédérale, au prix d'un chômage élevé. Mais les principes théoriques à la base de la réduction radicale de l'impôt n'ont nullement trouvé de confirmation pratique : l'épargne a continué de diminuer, la part de l'investissement privé dans le PNB ne s'est pas accrue, la croissance économique ne s'est pas accélérée et le déficit semble hors de contrôle. Dans un épilogue qu'il a récemment rédigé pour une réédition du *The Triumph of Politics,* David Stockman, rien moins que l'ancien directeur du Budget, pourtant longtemps adepte de la « reaganomie », décrit comment l'économie américaine est « tenue en otage par une politique irresponsable de dépenses gouvernementales élevées et une doctrine de faible imposition fiscale... En huit années de gestion par l'administration la plus conservatrice des temps modernes, les dépenses du gouvernement fédéral auront excédé ses revenus par la

140

somme stupéfiante de 1,5 $ billion. Le prochain président héritera d'une dette fédérale trois fois plus élevée que celle qu'avait trouvée Ronald Reagan, accumulée par ses 34 prédécesseurs... Les historiens ne pourront que constater l'immense dommage causé au niveau de vie du pays par ces huit années de débauche fiscale » (1).

Pour tenter de maîtriser la croissance continue du déficit, deux représentants républicains, Gramm et Rudman, ont fait adopter par le Congrès, en 1985, un amendement rendant l'équilibre budgétaire obligatoire pour 1991, et fixant des seuils de déficit maximum admissibles d'ici cette date. Cet amendement, conservateur dans son inspiration parce qu'il tend à limiter vigoureusement le rôle de l'État fédéral, devrait restreindre à la fois les dépenses militaires et les dépenses sociales, à l'exception de la sécurité sociale, du Medicare, du Medicaid et de l'AFDC qui échappent explicitement à sa rigueur. Les analystes ont souligné que le fait que les démocrates aient appuyé la proposition dans leur quasi-totalité indique que ceux-ci ont définitivement modifié leur programme social et tourné le dos à la vision de société portée par la guerre contre la pauvreté vingt ans auparavant. Il est vrai qu'ils ont réussi à inclure la préservation inconditionnelle des grands programmes de la protection sociale : retraite, santé des personnes âgées et des pauvres, assistance publique. Mais tout le projet de redéveloppement urbain, de mobilisation sociale, de soutien scolaire, de formation professionnelle, de lutte contre le crime par l'éducation va définitivement tomber sous le couperet de l'amendement Gramm-Rudman. Alors que toutes les études (évidemment qualifiées de « libérales » par les conservateurs américains) consa-

---

(1) Cité dans *Washington Post*, National Weekly Edition, 19 janvier 1987, p. 25.

crées à la pauvreté montrent que la lutte contre la pauvreté ne peut être menée uniquement par des programmes de transferts — parce que la pauvreté est beaucoup plus qu'une inégalité économique — mais qu'elle exige des mesures de soutien et de développement social, de prévention, de création d'emplois, etc. (1), c'est précisément vers une stricte protection financière — qui ne doit en aucun cas signifier une redistribution — que le Congrès s'est finalement tourné. Cet amendement, établi au nom de la limitation du déficit, et dans le cadre d'une fiscalité extrêmement favorable pour les riches, va vraisemblablement contribuer, bien plus que les coupures formelles de programmes sociaux, à l'élimination « automatique » de toute une catégorie de programmes domestiques. Il a l'avantage de fournir au président l'alibi nécessaire pour éviter tout débat public sur la formation des choix budgétaires.

En 1986, l'administration Reagan a réussi à faire adopter une réforme en profondeur de la loi de l'impôt, véritable exploit politique. La loi a été présentée comme favorisant à la fois les plus riches et les plus pauvres, car elle fixe un maximum d'imposition sur les revenus des premiers à 38,5 %, au lieu de 50 %, en 1987, et à 28 % dès 1988, de 70 % qu'il était encore, rappelons-le, en 1980 ; elle exempte en outre de tout impôt fédéral 6 millions de pauvres. La loi entend par ailleurs augmenter l'impôt des sociétés. Mélange de mesures régressives et progressives qui expliquerait que les démocrates aient finalement entériné, dans leur majorité, la proposition républicaine ? Il faut examiner de plus près chacune de ces trois catégories de contribuables : riches, pauvres et sociétés.

_____

(1) A. Levitan, « Critique de la position conservatrice contre les programmes de création d'emplois », in *Revue internationale d'action communautaire*, 16/56, 1986, p. 112.

L'analyste financier de *Newsweek* (1) voit dans cette loi la deuxième grande victoire de Reagan, outre celle d'avoir maîtrisé l'inflation. Elle « réaffirme l'objectif premier de l'impôt sur le revenu qui est de permettre au gouvernement de couvrir ses dépenses et non pas de constituer un instrument d'ingénierie sociale et économique... Elle devrait produire des gains économiques car elle épouse les thèses de l'"économie de l'offre" en limitant les taux d'imposition des hauts revenus ». En d'autres termes, elle étend considérablement les intentions et les stratégies de la loi de 1981 et, présumément, ses effets. Son impact est si considérable par le traitement très favorable qu'elle accorde aux hauts revenus que les autres pays vont être forcés d'ajuster leur propre système d'imposition fiscale très rapidement sous peine de voir une bonne part de la richesse chercher refuge aux États-Unis. La réforme fiscale constitue un des grands véhicules d'exportation de la « révolution » conservatrice américaine.

En ce qui concerne l'imposition très réduite des hauts revenus, il faut noter que cette réduction s'accompagne en principe d'une limitation très stricte des refuges fiscaux et exemptions innombrables qui caractérisent la loi américaine de l'impôt, permettant à l'extrême à certains millionnaires de ne jamais payer un sou d'impôts. Ainsi, par exemple, la moitié des 700 000 Américains dont le revenu dépasse 200 000 $ ont payé jusqu'à maintenant environ 32 %, en moyenne, d'impôts sur leur revenu, grâce aux multiples exemptions auxquelles ils pouvaient légalement recourir ; mais l'autre moitié, plus habile avec les exemptions, n'a payé en moyenne que 11 % d'impôts. C'est une situation que la nouvelle loi veut corriger et c'est par rapport à ces excès que le président a pu

---

(1) *Newsweek,* Paul Samuelson, 25 août 1986, p. 30.

qualifier la loi d'« honnête », sans référence à des objectifs de redistribution, s'entend. Pour le président et pour le Congrès, toutes les échappatoires, autorisées surtout sous forme d'incitations à l'investissement dans des secteurs privilégiés par le gouvernement, sont coûteuses et inefficaces. Mais surtout, elles contrarient les forces du marché et la régulation « naturelle » qu'elles engendrent. La nouvelle loi devrait permettre une réduction de l'impôt des hauts revenus qui faisaient peu usage des exemptions en même temps qu'une correction des conduites abusives.

Les pauvres, a-t-il été annoncé, ont aussi beaucoup à gagner à la réforme fiscale. Plusieurs millions d'entre eux sont désormais exemptés de l'impôt fédéral. Par rapport à la loi de 1981, cette décision est très surprenante. Quelles en sont donc les raisons et quelle en est la portée réelle ? Les élections de 1980 et de 1984 ont incontestablement marqué un réalignement politique majeur en fonction des clivages de revenus, de race et de sexe. Comme jamais auparavant, les républicains ont perdu en 1984 le vote des pauvres et de la classe moyenne inférieure dans un rapport d'un tiers à deux tiers pour les démocrates, alors que la classe moyenne supérieure et les riches ont voté à plus de deux tiers pour les républicains. Dans le système politique bipartite américain, le parti au pouvoir ne peut se permettre de tolérer longtemps de tels clivages de classes. L'exemption d'impôts pour les pauvres, et surtout pour les bas-salariés, les *working poor* — ceux dont le revenu d'un travail régulier ne leur permet pas d'atteindre ou de dépasser le seuil de pauvreté et qui ont été très durement frappés par la loi de 1981 et les réductions budgétaires de la même année qui les ont exclus de plusieurs programmes —, vise à corriger cette situation. On cite l'exemple type d'une mère de trois enfants gagnant

75 % du seuil de pauvreté en 1980. Ayant à l'époque droit à des prestations complémentaires, son revenu était alors de 11 150 $ dont 7 958 $ de salaire. A cause des réductions de programmes et de l'imposition accrue, la même personne gagnant le même salaire en 1984 n'avait plus qu'un revenu de 9 179 $, soit une chute de 18 %. Ainsi cette famille est passée de 539 $ au-dessus du seuil de pauvreté en 1980 à 1 432 $ en dessous du seuil en 1984 (1). Cette situation est reconnue par les conservateurs eux-mêmes comme injuste et, en y remédiant, ils cherchent à attirer une partie du vote des pauvres vers le parti républicain. Les démocrates ont également défendu la cause des pauvres lors du débat sur la loi au Congrès et ont plaidé pour leur exemption de l'impôt fédéral, contribuant peut-être ainsi paradoxalement à l'érosion du support de cette catégorie à l'endroit des démocrates, et rendant plus conflictuels que jamais au sein du parti les rapports entre représentants des pauvres et ceux des classes moyennes, entre élites libérales et travailleurs conservateurs (2).

Quelle est maintenant la portée réelle pour les pauvres de l'exemption qui leur est accordée ? Il faut d'abord noter que la part de l'impôt fédéral dans l'impôt général est très faible. En 1982, par exemple, elle ne constituait que 3,2 % du total des impôts payés par les revenus de moins de 5 000 $ et 19,2 % des impôts versés par les revenus de 5 à 10 000 $. En fait, les impôts et les taxes dont les pauvres doivent s'acquitter sont essentiellement régressifs : c'est le cas des impôts d'État qui frappent proportionnellement beaucoup plus fortement les bas revenus, des taxes de vente et surtout de la sécurité sociale. Comme le

---

(1) Jack A. Meyer, *op. cit.*, p. 86.
(2) Thomas B. Edsall, *op. cit.*, p. 86.

signale Terrell (1), les familles pauvres sont celles qui paient le pourcentage le plus élevé d'impôts... et ce n'est pas une des moindres ironies de l'État-providence qu'au moment où les programmes sociaux dirigent les transferts et les services vers les pauvres, les politiques fiscales réduisent plus que pour les autres catégories leur part de revenu. L'impôt de la sécurité sociale, qui représente au moins un tiers des impôts totaux payés par les pauvres et les bas-salariés, est dans sa nature même très régressif. Tous les revenus sont imposés uniformément à 7,15 % dès le premier dollar, mais avec un plafond de 42 000 $. La taxe de vente à la consommation qui varie suivant les États de 4 à 9 % s'applique à tous les consommateurs, indépendamment de leur revenu, et généralement à tous les produits à l'exception de l'alimentation de base. Pourtant, dans certains États, même l'alimentation est taxée. Dans ce sens, cette taxe est extrêmement régressive puisque payer 9 cents de taxe sur un pain de 1 dollar n'a pas la même signification pour une personne dont le revenu est de 5 000 $ que pour celle qui gagne 50 000 $.

Le dernier élément que nous avons retenu pour commentaire de cette réforme générale de la fiscalité concerne l'impôt des sociétés qui devrait rapporter 9 % de plus à l'État fédéral. C'est là un paradoxe pour une administration conservatrice qu'il faut cependant encore une fois mettre en perspective. La part du revenu fédéral provenant des sociétés a constamment décliné entre 1960 et 1983, passant de 24,2 % à 9,8 % à cause de l'habileté des sociétés à recourir à des exemptions et des échappatoires fiscales (entre 1981 et 1984, 44 très grandes compagnies dont Boeing, Dom Chemical, etc. ont déclaré 53,6 $ milliards de

(1) Paul Terrell, « Taxing the Poor », *Social Service Review*, juin 1986, p. 273.

profits et n'ont payé aucun impôt), mais aussi à cause de l'augmentation des contributions individuelles et de l'impôt de la sécurité sociale. Or, si la part perdue de la contribution des pauvres et des bas-salariés est compensée par un accroissement de la part des sociétés, le résultat sera, selon plusieurs analystes, une augmentation de la régressivité du système fiscal américain. Car il est bien connu que les sociétés vont tenter de transférer l'augmentation de leur impôt au consommateur, entraînant ainsi une hausse du coût de la vie qui sera beaucoup plus pernicieuse pour les pauvres que pour les riches, et sur laquelle les pauvres paieront encore une proportion accrue de taxe de vente.

En ce qui concerne les classes moyennes dans le cadre de cette réforme fiscale, une étude de l'*Urban Institute* de Washington prévoit des effets pour les revenus de 20 à 40 000 $ comparables à ceux de la réforme de 1981 : une faible accentuation du fardeau fiscal pour les revenus situés entre 20 et 30 000 $, une accentuation modérée pour les revenus de 30 à 40 000 $ (1). On peut donc s'attendre à un approfondissement de la tendance indiquée par le tableau 8 : diminution de la part de revenu des deuxième et troisième quintiles, et même d'une partie du quatrième, et, bien sûr, nette augmentation de la part du cinquième quintile.

La réforme de 1986 n'apparaît donc pas différente de celle de 1981 par rapport au critère de la redistribution : l'un de ses promoteurs, le sénateur Packwood, a d'ailleurs souligné que la réforme favorise les riches en faisant le pari qu'ils vont se comporter d'une manière socialement désirable, c'est-à-dire in-

_____
(1) *The Urban Institute*, « Tax Reform — What Does it Mean ? » vol. 16, 1, août 1986, p. 2.

vestir de façon à stimuler la croissance et l'emploi. L'affirmation du président que, dans cette réforme, pauvres et riches sont traités avec une égale générosité est pure propagande. En fait, l'exclusion de 6 millions de pauvres de la liste des contribuables s'inscrit dans la même philosophie sociale que celle des *truly needy*, les « vrais nécessiteux », que nous avons rencontrée à propos des réductions des programmes sociaux. Combattant activement toute perspective de justice sociale, l'administration conservatrice consent à exercer la charité publique pour une minorité, permettant ainsi le renforcement de l'ordre socio-économique issu de la reconnaissance de la préséance de l'ordre marchand.

5

La privatisation et l'action volontaire

La contrepartie du désinvestissement gouverne-mental qui caractérise l'évolution de la politique sociale de l'administration Reagan est son interrelation accrue avec le secteur privé. Le reaganisme autorise et consacre le développement d'une véritable industrie du *Welfare* et il peut être interprété, à ce point de notre réflexion sur la politique sociale, comme le processus politique par lequel l'État-providence est en train de passer aux mains du secteur privé, tout au moins en ce qui concerne la gestion des besoins les plus rentables. Une fois battus en brèche et délégitimés les idéaux de la redistribution fiscale, du partage équitable des risques du développement économique, une fois la pauvreté réduite à une poignée de « vrais nécessiteux » que l'État consentira à prendre en charge, les portes sont grandes ouvertes à la pénétration du marché, à la sélection des clientèles, à l'investissement rentable et au profit, tant dans le domaine des services que dans celui de la protection sociale.

On l'a vu, la sécurité sociale, et particulièrement son régime de retraite, constitue la principale institution de la protection sociale aux États-Unis. Les Américains lui accordent très majoritairement leur appui et il est politiquement très difficile, comme le président en a fait l'expérience, d'envisager de pouvoir en modifier le fonctionnement et la portée. Pourtant, les propositions de privatisation du système, les pressions des jeunes salariés se multiplient en vue d'autoriser, par exemple, de ne plus rendre obligatoire la participation au régime, mais de lui substituer une participation volontaire à un mode quelconque d'épargne privée : assurance ou régime de pension. Le développement de « plans familiaux de sécurité », de « comptes individuels de retraite » exempts d'impôts sont autant de propositions alternatives à la sécurité sociale obligatoire dont l'intérêt, du point de vue de leurs promoteurs, est non seulement de mettre fin à la redistribution (très relative) de la sécurité sociale, mais de provoquer une stimulation de la formation de capital et une croissance de l'investissement privé. Les régimes privés d'épargne-retraite existent déjà depuis plusieurs années, leur marge de déduction a été haussée dans la récente réforme fiscale, mais l'idée qu'ils puissent dispenser leurs détenteurs de contribuer à la sécurité sociale n'a pas eu de suites pour le moment.

Dans le domaine des services, en revanche, le mouvement de privatisation a progressé rapidement. Des foyers pour personnes âgées aux hôpitaux et aux soins à domicile ; des garderies d'enfants aux prisons ; des services de maintien à domicile aux services de consultation, les occasions d'investissements profitables abondent. En une décennie, à peine, la rationalité économique du marché est en train de l'emporter sur les objectifs de réforme sociale et d'équité, et de modeler de façon durable la façon de penser, de produire la politique sociale et les services sociaux, et à travers eux la société elle-même.

Examinons le processus croissant de privatisation dans le secteur des services.

L'industrie des services socio-sanitaires : le *Corporate Welfare*

Le système de services sociaux aux États-Unis a de tout temps recouru à des agences privées subventionnées pour offrir les services sociaux de base nécessités par le développement industriel et urbain, les problèmes familiaux, la prise en charge des pauvres et des infirmes. Dans la très grande majorité des cas, ces services étaient dispensés par des organisations charitables religieuses, communautaires ou ethniques sans but lucratif. Le *New Deal* consacra l'implication croissante de l'État dans la protection sociale, tout en continuant à compter principalement sur les ressources privées pour l'organisation des services directs. C'est surtout à partir des années soixante que les programmes gouvernementaux commencèrent à prendre directement en charge les services, recourant à une armée de professionnels pour atteindre des objectifs de changement social qui se voulaient scientifiquement établis et mesurables. Le développement du professionnalisme, la multiplication des types et des zones d'intervention mirent en évidence de façon croissante des marchés potentiels à exploiter pour les industries de services. De nombreux organismes privés à but lucratif virent le jour avec lesquels les gouvernements fédéral et locaux établirent des contrats de services, tant dans le domaine des garderies, du counseling que du perfectionnement professionnel (1). Au milieu des années soixante-dix, les contrats de services avec ces organismes devinrent systématiques et, en ce sens, la privatisation était désormais une stratégie de limitation de l'expansion des services publics (2). Avec l'élection de Reagan cependant, le processus de privatisation allait prendre un nouvel essor et surtout acquérir une nouvelle signification. Véritable emblème de son administration, elle était maintenant directement associée à la rhétorique de l'échec et de l'inefficacité de l'action gouvernementale à laquelle elle offrait une alternative. Les notions de besoin, sans égard à la capacité de payer, de droits fondamentaux étaient déclarées simplement fausses et devaient être remplacées par celles de compétition, de participation des clients aux coûts des services, d'investissements privés dans les secteurs hautement profitables et encore peu développés. L'administration Reagan a consacré le *Corporate Welfare*, l'industrie des services sociaux, comme institution de base du système de la protection sociale. C'est en fonction de l'essor de cette industrie qu'il faut apprécier l'effort de démantèlement des programmes sociaux et de réduction des services publics aux « vrais nécessiteux ».

C'est dans le domaine de l'hébergement que l'investissement privé a connu son essor le plus

---

(1) Mimi Abramovitz, « The Privatization of the Welfare State : a Review », *Social Work,* juillet-août 1986, pp. 257-264.
(2) Neil Gilbert, *op. cit.,* ch. 1.

spectaculaire. Qu'il s'agisse des hôpitaux, des centres d'accueil pour personnes âgées, des garderies pour enfants ou même des prisons, le développement de la privatisation est rapide et les profits considérables.

a) Dans le *domaine hospitalier,* on constate une transition rapide d'un ensemble d'équipements tantôt publics, tantôt privés, sans but lucratif, de petite taille, sauf pour les hôpitaux municipaux, à un secteur monopolistique dominé par une série de grandes chaînes hospitalières. En 1986, ces chaînes contrôlent 13 % des lits d'hôpitaux et cette proportion pourrait atteindre 30 % en 1990. Dans certains États, comme la Floride, la proportion atteint déjà 50 %. Le déclin des hôpitaux publics a été très important dès 1975. Beaucoup ont fermé leurs portes (150 entre 1975 et 1985), surtout dans les quartiers pauvres habités par des minorités, ou ont été rachetés par des chaînes (180) ou encore ont été confiés pour gestion à des chaînes privées. Plus de 1500 hôpitaux appartiennent à l'industrie privée ou sont gérés par elle en 1985, totalisant plus de 120 000 lits. Les quatre principales chaînes contrôlent plus de 50 % de tous les hôpitaux commerciaux. La première en importance, *Hospital Corporation of America,* possédait 393 hôpitaux et 56 000 lits en 1984.

L'impact du développement des chaînes hospitalières sur le système de santé est considérable, même si le nombre d'hôpitaux qu'elles contrôlent pour le moment est encore et risque même de demeurer relativement restreint. Elles occupent en effet systématiquement les secteurs médicaux les plus profitables : médecine d'urgence, diagnostics sophistiqués, interventions chirurgicales de pointe, dans les secteurs géographiques les plus rentables : régions urbaines à forte concentration de richesse. Les soins peu rentables, tels ceux prodigués aux malades chroniques qui représentent la grande majorité des soins hospitaliers, sont parfois laissés au secteur privé sans but lucratif ou le plus souvent au secteur public. Une très nette dualisation des ressources, des interventions médicales s'opère ainsi, laissant au secteur privé commercial l'initiative de modeler le marché qu'il dessert, influençant du même coup non seulement la demande des clients, mais la politique gouvernementale. C'est d'ailleurs cette capacité de déterminer ou de contrôler le marché qui distingue l'industrie des services socio-sanitaires d'aujourd'hui de celle d'il y a dix ans (1).

En outre, à la concentration des ressources immobilières s'ajoute de plus en plus celle des ressources professionnelles et celle des assurances. En effet, les *Health Maintenance Organizations*, ces plans de santé forfaitaires généralement négociés entre l'employeur des bénéficiaires et l'organisation pourvoyeuse de soins, qui contrôle à la fois des équipements et un regroupement de praticiens salariés, se sont développés rapidement au cours des dix dernières années ; plus de 15 millions de personnes étaient membres d'un des 385 *HMO* que comptaient les États-Unis en 1985 et on estime que 30 millions de personnes devraient être couvertes par un tel plan en 1990 pour des revenus totalisant 25 milliards. Plusieurs de ces HMO sont offerts par les chaînes hospitalières qui ainsi diversifient leurs investissements et accroissent leur emprise monopolistique sur le secteur de la santé. Comme les clientèles visées sont surtout de jeunes professionnels et leur famille, la classe moyenne et moyenne supérieure, on peut affirmer que « les meilleurs soins sont maintenant disponibles pour ceux qui en ont le moins besoin :

---

(1) David Stoesz, « Corporate Welfare : The Third Stage of Welfare in the United States », *Social Work*, juillet-août 1986, p. 245.

la population active en bonne santé et bien protégée » (1).

Le développement de l'industrie hospitalière exacerbe l'inégalité sociale d'accès aux soins de santé. Les établissements sont en principe tenus par la loi de fournir des services à toute personne en situation d'urgence médicale ; mais les histoires d'horreur abondent d'ambulances qui se voient refuser l'accès à tel hôpital parce que l'accidenté n'est pas assuré ; les décès de personnes qui n'ont pu obtenir les soins exigés, ou qui n'ont pas été admises pour un accouchement, sont fréquents. 78 % de médecins de salles d'urgence d'hôpitaux commerciaux ont reconnu avoir subi des pressions pour qu'ils refusent l'admission de patients non couverts ou atteints d'une maladie non « rentable » (2). Les hôpitaux privés ne sont en outre pas tenus d'accepter les patients du *Medicaid*, et, en fait, la très grande majorité les refuse car les paiements assurés par le *Medicaid* sont en moyenne de 40 % inférieurs à ceux exigés par les hôpitaux, et les patients n'ont évidemment pas les moyens de combler la différence. De cette façon, les cas les plus lourds (physiquement ou financièrement), donc les moins profitables, sont généralement écartés et renvoyés aux hôpitaux publics qui, avec des ressources beaucoup moins abondantes, doivent assumer plus que leur part du fardeau. Grâce à ces stratégies, l'industrie hospitalière a réussi à dégager en 1984 une marge de profit de 14,12 % en moyenne pour un volume d'affaires de 118 milliards. L'impact de ces stratégies se répercute également sur le vaste secteur

---

(1) Emily Friedman, « The All-Frills Yuppie Health Care Boutique », in « Compound Fracture : The American Hospital Today », Special Issue of *Society,* juillet-août 1986.
(2) Vincente Navarro, « The Whealth of our Medical Sector » *Dissent,* printemps 1987, p. 150.

des hôpitaux privés sans but lucratif qui, confrontés à des clientèles moins exclusives et à des pratiques moins sélectives, doivent diversifier leurs investissements pour demeurer compétitifs. Plusieurs se tournent vers le commerce des hôtels, des agences de voyage, des clubs de santé, des chaînes de pharmacie ou autres pour dégager des marges de profit que ne leur permettent pas leurs hôpitaux (1).

b) Le secteur des *centres d'accueil pour personnes âgées* est celui où l'emprise des entreprises privées est la plus considérable : elles en contrôlent aujourd'hui plus de 80 % des lits. C'est aussi un secteur fortement recommandé aux investisseurs car « l'un des plus dynamiques de l'industrie des soins de santé » (2). Il connaît également une très forte concentration économique, les trois principales entreprises contrôlant à elles seules près de 160 000 lits en 1986. En 1990, la quasi-totalité des lits devraient relever du secteur privé et être contrôlés par une trentaine de chaînes spécialisées. La situation est comparable dans le domaine des foyers pour malades psychiatriques où plus de 90 % des lits appartiennent à des entreprises privées. Dans ces deux cas, il faut noter que les subventions gouvernementales, et en particulier le Medicare et le Medicaid, ont grandement contribué à l'essor de ces chaînes spécialisées dans l'hébergement de personnes isolées ou dépendantes. Plus de 50 % de leurs revenus proviennent des transferts gouvernementaux.

c) Plusieurs interviennent également dans le

---

(1) *Washington Post,* National Weekly Edition, 2 mars 1987, p. 22.
(2) David Stoesz, « Corporate Welfare » : la réforme du Welfare State aux États-Unis », *Revue internationale d'action communautaire,* 10/50, 1983, p. 91.

domaine du *maintien à domicile*, domaine en pleine croissance qui devrait connaître un chiffre d'affaires de 10,2 milliards en 1990. Une compagnie, en particulier, *Home Health Care of America*, contrôle plusieurs dizaines de centres régionaux de services de maintien à domicile, pour un revenu prévu de près d'un quart de milliard en 1987. C'est le domaine, parmi les services personnels, qui connaît le plus fort taux de croissance.

d) Les *garderies* pour enfants constituent aussi un secteur où l'entreprise privée est largement implantée, puisque dès 1982 elle contrôlait plus de la moitié des places de garderie du pays. La principale compagnie, *Kinder Care*, s'est donné pour objectif de créer dans tout le pays des garderies identiques, facilement reconnaissables par un petit clocher rouge qui constitue le logo de la compagnie. L'aménagement intérieur, le matériel éducatif de chaque centre sont rigoureusement semblables de façon à ce que, dans un pays où la main-d'œuvre se déplace beaucoup, « les enfants puissent retrouver partout une garderie comme celle qu'ils ont quittée ». C'est ce qu'un journaliste a qualifié de *McChild-Care Empire*, par allusion à la chaîne McDonald's (1). La chaîne offre actuellement 115 000 places de garderie dans 1 200 établissements présents dans 40 États, ainsi qu'au Canada. Chaque centre est équipé d'une flotte de mini-bus qui vont chercher les enfants à domicile, moyennant un supplément de 20 $ aux frais de garde hebdomadaires de 65 à 80 $. L'entreprise vise spécifiquement les familles de classe moyenne dont les revenus varient entre 25 et 35 000 $, et refuse les enfants (pauvres) qui bénéficient d'une allocation publique, à cause principalement des contrôles gouvernementaux de la qualité des services qui sont attachés à l'acceptation par l'entreprise des allocations gouvernementales. *Kinder*

---

(1) Dan Bellm, *Mother Jones*, avril 1987, pp. 33 et suiv.

Care a développé une assurance-vie pour les enfants, *Kinder Life,* qui en 1985 couvrait plus de 60 000 enfants pour des gains de près de 1 million de dollars. La compagnie s'est également lancée dans l'édition de livres pour enfants, dans la fabrication de matériel éducatif, de vêtements pour enfants, dans l'organisation de services de répétition scolaire et d'encadrement de devoirs à domicile. Forte de ses immenses succès, la compagnie entend se tourner maintenant vers les centres de jour pour personnes âgées, les *Senior Care.* Les analystes financiers suivent l'évolution du marché des garderies et des centres de jour avec intérêt car il y a là, selon eux, une industrie potentielle de 10 milliards de dollars.

e) Dans le domaine des *services pénitentiaires,* également, la privatisation fait une percée, quoique timide encore. Une compagnie en particulier, *Correction Corporation of America,* contrôle le marché pour le moment. Elle a été fondée par les principaux actionnaires de *Hospital Corporation of America,* la grande chaîne hospitalière. *CCA* a déjà construit une dizaine de prisons au Texas, au Tennessee, en Géorgie et en Floride. Elle parvient à gérer une prison — ou parfois un centre de détention pour jeunes — à 50 % des coûts de la gestion gouvernementale en recourant intensivement à la surveillance électronique qui permet de diminuer le nombre des gardiens. On estime à environ 8 000 le nombre de prisonniers actuellement incarcérés dans des prisons privées, soit à peine 1 % de l'ensemble des personnes emprisonnées aux États-Unis. La compagnie qui a pu dégager de ses opérations une marge de profit de 8 % en 1985 prévoit un taux de croissance spectaculaire d'ici 1990.

Les bons de services *(vouchers)*

Le choix politique de faire prévaloir le secteur privé sur le secteur public dans le domaine des services sociaux a stimulé l'idée de recourir à des bons de services qui encourageraient les usagers des services sans moyens financiers à se tourner vers les ressources privées pour la satisfaction de leurs besoins. A l'état de proposition pour leur usage dans le domaine de la santé et de l'éducation, les bons sont largement utilisés dans celui du logement. Ces bons sont toujours destinés aux plus démunis afin de leur assurer, en principe au moins, un accès au marché des services. Ainsi, au lieu de construire et d'entretenir des logements publics subventionnés, le gouvernement octroie une subvention au loyer sur le marché privé qui permet de couvrir la différence entre 30 % du revenu de la famille concernée et ce que le ministère de l'Habitation estime être le juste prix du marché dans un secteur géographique donné. Cette stratégie a principalement pour but de ne pas perturber, par des interventions étatiques reliées à la production de biens, l'équilibre du marché du logement.

Des propositions radicales de privatisation complète du système d'éducation ont été formulées, selon lesquelles les parents dont le revenu est inférieur à un seuil fixé bénéficieraient de bons d'éducation équivalant à environ 600 $ en 1984, leur permettant d'acheter des services de scolarisation sur un marché totalement privé de l'éducation. Ces propositions reprennent une idée formulée par Milton Friedman dès 1955 (1), qui avait cru détecter un mécanisme potentiel de marché

---

(1) Milton Friedman, « The Role of Government in Education », *Economics and the Public Interest*, Robert A. Solo ed., New Brunswick, N.J., Rutgers University Press, 1955.

en rendant possible pour les parents le choix du type d'école fréquentée par leur enfant. Par l'octroi de bons, les parents pourraient acheter des services d'éducation dans l'école de leur choix, publique ou privée, étant libres d'ajouter leurs propres ressources financières au montant des bons si l'école retenue exigeait des frais de scolarité supérieurs à ceux de la moyenne des écoles publiques. Cette idée devait être reprise, à la fin des années soixante, tant par les promoteurs des écoles alternatives que par ceux de la guerre contre la pauvreté qui s'entendaient pour dénoncer l'inadéquation du système scolaire existant. A leur incitation, le gouvernement fédéral entreprit dès 1969 de financer un programme expérimental de bons d'éducation dans quelques villes des États du Connecticut, de New York, du Minnesota, de Californie et de Washington. Les diverses études évaluatives relatives à ces expériences, publiées dans la seconde moitié des années soixante-dix, soulignent, outre la résistance des corps professoraux et des autorités scolaires locales au système des bons, la contribution de ces expériences à l'accroissement des inégalités sociales, économiques et raciales existantes (1). Il est pertinent de noter ici qu'une étude consacrée aux programmes de bons appliqués au logement aboutit à des conclusions similaires : plus le marché est inégalitaire, plus les bons contribuent à accroître l'inégalité ; l'incidence raciale de cet accroissement de l'inégalité est particulièrement significative quand on considère le marché du logement pour les Noirs (2).

---

(1) Voir David K. Cohen & Eleanor Farrar, « Power to Parents ? The Story of Education Vouchers », *The Public Interest*, 48, été 1977, pp. 72-91.
(2) Jo-Ann Rolle-Katabaruki, *Equity Considerations of a National Housing Voucher Program on Low-Income Households in Racial Submarket*, Ph. D. Thesis, Howard University, 1984.

Plusieurs projets de lois visant à instaurer des systèmes de bons dans divers types de services publics ont été présentés au Congrès au début des années quatre-vingt, mais aucun n'a dépassé le stade des discussions et n'a donc reçu d'application concrète généralisée pour le moment. En revanche, dans le domaine du logement, on l'a mentionné, les politiques de l'administration Reagan sont devenues essentiellement des politiques d'aide aux locataires démunis, sous forme de bons, au détriment de politiques de construction ou de rénovation de logements publics.

Les *crédits d'impôts* doivent également être considérés comme une forme de « bons » à la consommation de services dans la mesure où ils permettent — surtout aux personnes bénéficiant de revenus moyens ou élevés — de déduire tout ou partie des frais de garderie, de scolarité, des dépenses de santé et même des intérêts sur les prêts à la consommation, en particulier les prêts hypothécaires, etc. Bien sûr, ces crédits, à la différence des bons, sont accordés après l'achat des services et nécessitent donc un investissement préalable de la part des consommateurs ; en revanche, ils laissent ces derniers totalement libres dans leur choix de consommation, alors que les bons doivent être utilisés dans des secteurs prescrits de services. Les crédits d'impôts constituent en fait des paiements indirects de *Welfare* pour les classes moyennes et supérieures, qui coûtent chaque année des dizaines de milliards au Trésor public.

La revitalisation des quartiers par l'entreprise privée

La détérioration de certains quartiers urbains, la constitution de ghettos ethniques et raciaux ont et les milieux d'affaires. Que ce soit pour des raisons économiques (dévalorisation foncière et immobilière, destruction des infrastructures commerciales) ou sociales (violence, criminalité, émeute, pauvreté) les gouvernements ont développé, surtout dans le cadre de la guerre contre la pauvreté, des politiques de revalorisation des centres-villes, de développement communautaire, de subventions tant aux entreprises qu'aux populations pour favoriser un processus d'assainissement et de réinvestissement. La rénovation urbaine, en particulier, a été l'un des moyens privilégiés pour enrayer la dégradation de quartiers entiers. Cette approche a largement reposé sur des subventions gouvernementales qui suppléaient au désinvestissement privé, ainsi que sur une intervention sociale et éducative qui tentait de contrer les effets d'un chômage endémique dans ces quartiers.

a) L'administration Reagan a soumis à sa critique l'ensemble de ces programmes et les a remplacés par une intervention reposant sur l'initiative privée. Dans ce but, le président a nommé un « groupe de travail chargé de promouvoir les initiatives du secteur privé », qui a vivement préconisé une stratégie de *partnership* fondée sur la *corporate social responsability. Business,* gouvernement et associations volontaires partagent ressources et savoir en vue de réaliser des projets locaux de développement économique et social. En dernier ressort, entreprises et associations devraient devenir capables de collaborer sans participation gouvernementale. Cette stratégie consacre la disparition du modèle d'action communautaire (1) des vingt dernières années, subventionné par des fonds publics

---

(1) On trouve une excellente description de ce type d'action communautaire dans : Jean-François Médard, *L'organisation communautaire aux États-Unis,* Paris, Armand Colin, 1969.

et animé par des professionnels de l'action sociale, pour faire place à un modèle entrepreneurial d'organisation gérée selon les règles du milieu des affaires, capable de vendre ses services à une grande diversité de clients.

La création de la « société pour le soutien des initiatives locales » (*Local Initiatives Support Corporation*) est un exemple typique de cette volonté de revitaliser les communautés grâce à la collaboration de l'entreprise privée. Créée en 1980 par la Fondation Ford, qui fournit un capital initial de 4,75 millions, et par six autres corporations — Aetna, Prudential, Levi-Strauss, Atlantic Richfield, International Harvester et Continental Illinois Bank — qui avancèrent un montant total équivalent, la société accorde des prêts ou des subventions à des projets poursuivant des objectifs de revitalisation limités, qui peuvent garantir une excellente gestion et ainsi devenir des exemples de réussite capables de convaincre d'autres entreprises de financer la société. Le but visé est de réveiller la conscience sociale des entreprises, de leur faire réaliser l'intérêt social et économique qu'elles peuvent trouver à investir dans les zones urbaines défavorisées et de leur permettre d'assumer le leadership dans la résolution des problèmes des minorités que l'action gouvernementale passée leur a ravi. L'objectif semble avoir été atteint puisque plusieurs centaines d'entreprises apportent leur soutien financier à des dizaines de projets de développement économique à portée sociale immédiate, tels qu'une usine de traitement et de congélation de poissons dans le Maine, une compagnie de construction à Chicago, un fonds pour la construction d'habitations à loyers modiques à Philadelphie, etc. (1). La société disposait d'un fonds d'une

_____
(1) Mitchell Sviridoff, « Neighborhood Revitalization : the Role of LISC », *Journal of Community Action*, I.3, 1982, pp. 5 et suiv.

quarantaine de millions en 1984. L'autorité du *Business* a donc clairement remplacé celle du gouvernement dans le domaine de la revitalisation urbaine ; il apporte plus que des normes de saine gestion : il impose sa façon de définir les problèmes communautaires, d'y remédier par l'économique. Comme l'annonce Mitchell Sviridoff, président de la société et ancien vice-président pour les affaires nationales de la Fondation Ford : « L'avenir se distinguera du passé par le fait qu'on y verra moins de gouvernement et plus d'initiative privée, moins de programmation nationale et plus de programmation locale, moins d'affrontement et plus de collaboration, moins de grands projets et plus de buts modestes et bien ciblés. Ce sont là les caractéristiques de l'état d'esprit des années quatre-vingt » (1). On ne saurait mieux synthétiser le déplacement idéologique que provoque le processus de privatisation des politiques de revitalisation urbaine.

b) Plusieurs entreprises ont également décidé de jouer le rôle de catalyseurs de la revitalisation des quartiers défavorisés en prenant l'initiative de créer une agence locale qui réunit les gouvernements locaux, les résidents et le secteur privé pour promouvoir, par exemple, la création d'un parc industriel, ou la restauration d'un quartier afin d'y attirer de nouveaux investissements. La concertation s'opère sous la gouverne de l'entreprise privée.

Toutes ces initiatives convergent vers l'idée des « zones d'entreprises » en milieu urbain défavorisé, mise en avant par le groupe conservateur *Heritage Foundation*, que deux députés au Congrès, Kemp et Garcia, ont cherché à inscrire dans un projet de loi. Celui-ci n'a pas abouti, mais 75 zones ont néanmoins été créées avec le support de gouvernements locaux.

(1) Mitchell Sviridoff, *op. cit.*, p. 8.

« L'idée des "zones d'entreprises" est très simple, selon Stuart M. Butler de la *Heritage Foundation*. Elle repose sur la présomption que même dans les quartiers les plus défavorisés il y a un potentiel considérable pour des améliorations économiques et sociales..., qu'il y a des facteurs de production qui dorment et qui ne demandent qu'à être réveillés » (1). Concrètement, l'idée est d'inciter les compagnies privées à implanter des succursales au cœur même des ghettos urbains pour tirer parti de la main-d'œuvre, en particulier jeune, qui s'y trouve justement désœuvrée. Pour inciter les compagnies à prendre de tels risques d'investissement, les divers paliers de gouvernement leur offrent d'être exemptées d'impôts pour plusieurs années (comme lorsqu'on tente d'attirer des compagnies étrangères au nom de la création d'emplois), de n'être que partiellement soumises aux lois de santé et sécurité du travail, et de n'avoir pas à respecter la loi du salaire minimum. Diverses compagnies du secteur de l'automobile et de l'électronique ont donc commencé à implanter de telles usines ou plutôt de tels ateliers de sous-traitance où l'on travaille à un salaire de 2,50 $ l'heure et sans protection sociale. La demande de travail de la part des jeunes est considérable et une forte compétition existe pour l'occupation des postes disponibles. Cette main-d'œuvre est décrite comme très efficace et appliquée, et l'on dit même que l'image du ghetto, et des jeunes du ghetto, est en train de changer. Ces « zones d'entreprises » sont à la fois une stratégie de revitalisation par l'entreprise privée des ghettos urbains, là où la plupart des politiques publiques ont précédemment échoué, et une façon de rapatrier à l'intérieur même des frontières les réseaux de main-d'œuvre de sous-

(1) Stuart M. Butler, « The Enterprise Zone as an Urban Frontier », *Journal of Community Action*, I.1, 1981, pp. 12-15.

traitance des produits américains dans le tiers monde, créant du même coup officiellement un nouveau marché parallèle du travail à très bas salaires. Elles permettent en outre à certaines entreprises de faire réaliser des travaux dangereux, en particulier dans la manipulation de produits toxiques, sans être soumises à des lois de santé et de sécurité dont le respect est coûteux.

Un secteur volontaire menacé

« Avec la même énergie que Roosevelt a mise à compter sur l'intervention gouvernementale pour résoudre les problèmes, nous allons, nous, compter sur le secteur privé... l'action volontaire est une partie essentielle de notre plan qui vise à rendre le gouvernement au peuple », affirmait Ronald Reagan en octobre 1981 (1).

Comme nous l'avons mentionné, le secteur privé recouvre dans la politique sociale américaine deux réalités fort différentes. Outre l'ensemble des organisations de services privées à but lucratif, toutes les organisations à statut privé sans but lucratif, ou, dans les termes en vigueur, le secteur volontaire, ou encore « tiers-secteur », font partie intégrante du secteur privé, dans le sens où elles sont juridiquement distinctes du secteur public ou gouvernemental. Le secteur volontaire est plus une construction légale qu'une entité cohérente : il inclut aussi bien des hôpitaux, des galeries d'art ou des partis politiques que des maisons d'hébergement pour personnes âgées, des mutuelles ou des groupes religieux. 850 000 orga-

---

(1) Lester M. Salomon, « Non-profit Organizations : the Lost Opportunity », in *The Reagan Record,* op. cit., p. 261.

nismes volontaires sont reconnus par le ministère fédéral du Revenu. Parmi ceux-ci, environ 375 000 se consacrent à l'organisation de services sociaux au sens large, incluant la santé et l'éducation, employant en 1980 4,6 millions de personnes pour des dépenses de 114 milliards (1). Les revenus de ces organisations proviennent de subventions gouvernementales, de collectes de fonds, de dons de fondations ou d'entreprises, de frais payés par les clients des services.

Au cours des années soixante-dix, le secteur volontaire s'est considérablement réorganisé, en particulier pour s'assurer que les réformes fiscales de la décennie ne nuisent pas à la collecte de fonds en limitant le droit de déduire des impôts les dons versés aux organisations volontaires. A la même période, l'*American Enterprise Institute* (conservateur) a mené des recherches sur le secteur volontaire et développé la notion de « structures médiatrices » — que constituent le voisinage, les églises, la famille — appelées à jouer un rôle majeur dans la recherche de mécanismes alternatifs aux services de l'État-providence, que ce soit dans le domaine de la prévention du crime, du logement, de la santé, pour ne citer que les titres des recherches publiées par l'*AEI*. L'intérêt de la position adoptée par cet organisme est que les structures de médiation ne s'opposent pas à la politique gouvernementale, ni ne doivent la remplacer ; au contraire, elles la complètent, elles en limitent l'emprise bureaucratique en insistant sur le rôle de producteurs responsables, plutôt que de consommateurs, des usagers de services (2).

---

(1) Salomon, *op. cit.,* p. 264.
(2) Voir par exemple, *The Hidden Health Care System : Mediating Structures and Medicine,* by Lowell S. Levin & Ellen L. Idler, Cambridge Mass., Ballinger, 1981.

Au moment de l'élection de Reagan, le secteur volontaire avait réussi à constituer une vigoureuse coalition, convaincue que l'administration conservatrice, dans ses visées de privatisation, allait favoriser son essor en augmentant le financement des programmes sociaux dont les structures médiatrices pouvaient prendre le relais, et en favorisant les exemptions fiscales pour les contributions destinées au secteur volontaire. Or, il fallut vite déchanter. Au-delà de la rhétorique présidentielle, c'est à une série de mesures fiscales et administratives hostiles que les organisations volontaires allaient être continuellement confrontées, particulièrement celles qui interviennent dans le domaine de la politique sociale.

L'administration Reagan a, en effet, en réduisant considérablement les services sociaux, augmenté énormément la demande de services dans le secteur volontaire, tout en privant ce dernier des sources de financement associées à l'achat de services auprès des agences qui le constituent. Ainsi, en 1985, les subventions fédérales aux organisations sans but lucratif de services sociaux étaient de 64 % inférieures à leur niveau de 1980 (1). En particulier, les organisations vouées à la formation professionnelle, à l'animation communautaire, à la prévention de la délinquance juvénile par l'organisation de loisirs, à la rénovation communautaire de logements, à la défense légale des défavorisés ou des immigrants, à la santé ou à la protection des femmes ont été pour la plupart rayées des listes du financement fédéral.

Au plan fiscal, l'abaissement du taux maximum d'imposition de 70 % à 50 % en 1981 a eu des effets importants sur les « dons de charité ». Alors qu'il était prévu qu'une moindre imposition des hauts et très

---

(1) Lester M. Salomon, *op. cit.*, p. 272.

hauts revenus inciterait leurs détenteurs à une plus grande générosité à l'endroit des initiatives privées, c'est le contraire qui s'est produit. En effet, si un don de charité ne coûte que 30 cents pour chaque dollar lorsque l'imposition est de 70 %, il coûte 50 cents lorsque le taux est réduit à 50 %. Pour la période 1981-1984, on a évalué à 10 milliards les pertes de revenu encourues par le secteur volontaire à cause de la réduction du taux d'imposition. Avec la réforme de 1986, qui a abaissé une nouvelle fois le taux maximum à 28 %, les nouvelles pertes de revenu seront encore beaucoup plus considérables.

Une étude récente (1) établit que les milliers de garderies communautaires, agences de services sociaux, organisations de développement communautaire, etc. vont perdre 22 milliards de revenus au cours des années fiscales 1987-89 par rapport au budget de 1980, soit, suivant les catégories d'organisations, de 55 % à 70 % de moins qu'en 1980. Pour compenser ces pertes de subventions fédérales, il faudrait que les dons s'accroissent de 21 % à 28 % chaque année, ce qui est tout à fait improbable, compte tenu de l'effet produit sur les dons provenant des hauts revenus par l'abaissement du taux maximal d'imposition.

Il reste alors à cette catégorie d'organisations volontaires vouées au service des plus démunis de la société à réduire considérablement leurs activités, ou à rendre payants leurs services, ce que la plupart de celles qui ont survécu ont choisi de faire.

Outre les réductions de subventions et les effets des modifications de la fiscalité, les organisations ont dû faire face à de nouvelles tracasseries administra-

---

(1) Alan J. Abramson and Lester M. Salomon, *The Non-profit Sector and the New Federal Budget*, The Urban Institute Press, Washington, 1986.

tives. Le président a éliminé le principal service gouvernemental destiné à promouvoir le secteur volontaire, il a tenté de supprimer le tarif postal préférentiel dont jouissent ces organisations pour procéder à des levées de fonds, il a nommé à la tête de l'agence gouvernementale qui s'occupe du secteur volontaire un ultra-conservateur qui a mené une véritable chasse aux sorcières contre les groupes et organisations de tendance libérale, contre ceux qui promeuvent l'avortement, contre ceux qui défendent les droits des immigrants, des travailleurs agricoles, contre ceux qui critiquent la politique de l'administration Reagan en Amérique centrale ou encouragent l'aide humanitaire au Nicaragua, bref contre tous ceux soupçonnés d'activisme politique auxquels le service du Revenu s'est empressé de retirer leur droit à être reconnus comme groupes volontaires, et donc à pouvoir bénéficier des « dons de charité » déductibles de l'impôt.

Un abîme sépare donc la rhétorique de la pratique. Les études comme celles que nous avons citées n'hésitent pas à parler d'hostilité à l'endroit du secteur volontaire de la part de l'administration conservatrice. Surprenante à première vue parce que le secteur volontaire contribue activement à délester la bureaucratie gouvernementale, à « rendre la gestion publique au peuple », cette attitude peut s'expliquer par le fait que les conservateurs privilégient le côté marchand, profitable du privé et non pas sa dimension communautaire, réseau d'échanges et de soutien mutuel. Les ministres de Reagan sont des hommes d'affaires et des avocats d'affaires. Ils pensent business et profit. Ce sont des pragmatiques, non des analystes et encore moins des théoriciens. Leur motivation principale est d'impulser un retrait gouvernemental afin d'ouvrir de nouveaux secteurs au marché.

C'est pourquoi cette administration a activement favorisé le développement d'entreprises commerciales dans le domaine des services de la consultation sociale, de l'hébergement, du placement, de l'adoption, etc., auxquelles elle a confié nombre de contrats de services sociaux qui depuis des décennies « appartenaient » aux agences sociales du secteur volontaire, contribuant davantage aux difficultés financières de ces dernières. Ces entreprises ont fleuri en quelques années et on estime qu'elles drainent maintenant près du quart des contrats de services gouvernementaux. Leur approche professionnelle est principalement légale, entraînant ainsi le déclin des pratiques professionnelles de counseling, de soutien psychologique, de « guidance » auprès des clientèles qui dépendent de l'intervention publique.

Pour les conservateurs, l'enjeu semble vraiment se réduire à une opposition entre deux termes : le secteur gouvernemental et le secteur privé. Le secteur volontaire, malgré son importance historique, économique et politique, est marginalisé parce qu'il n'entre pas dans cette opposition qui ne souffre pas de troisième terme. En outre, il risque toujours d'offrir un repère aux opposants de la « révolution conservatrice » et de promouvoir des pratiques contre-productives puisqu'elles favorisent l'entraide, la solidarité, l'auto-prise en charge, la responsabilité mutuelle, autant de pratiques qui échappent au marché.

6

La pauvreté

Pour conclure cette troisième partie relative à la politique sociale des années quatre-vingt, nous consacrerons un bref tour d'horizon à l'évolution récente de la situation de la pauvreté aux États-Unis. L'état de pauvreté des citoyens d'un pays industrialisé est généralement considéré comme un indicateur important de l'efficacité de son système de protection sociale et, bien sûr, de la performance de son économie. En 1985, 33,1 millions de personnes, soit 14 % de la population, étaient pauvres, c'est-à-dire que leur revenu était inférieur au seuil de la pauvreté (10,989 $ pour une famille de quatre personnes, par exemple, en

1985). Les tableaux 9 et 10 fournissent les principales données qui permettent d'établir les commentaires synthétiques suivants sur la question.

a) La prise en considération du nombre de personnes pauvres et du *taux de pauvreté* au cours des vingt-cinq dernières années permet d'identifier trois périodes distinctes de l'évolution de la pauvreté. De 1960 à 1970 (plus exactement 1969), la pauvreté diminue de façon spectaculaire à la suite des effets conjugués de la croissance économique et de vigoureux programmes de transferts ; le taux de pauvreté passe de 22,2 % à 12,6 % (12,1 % en 1969). Entre 1969 et 1979 (11,7 %), la pauvreté demeure plus ou moins stable (elle diminue même jusqu'à 11,1 % en 1973), grâce à l'ampleur des transferts qui compensent la stagnation de l'économie et un chômage croissant. Mais dès le début des années quatre-vingt, la diminution du montant des transferts, les réductions de programmes conjuguées à la récession de 1982-83 provoquent une forte augmentation du taux de pauvreté qui atteint 15,2 %, touchant 35,3 millions de personnes en 1983, le plus haut pourcentage depuis 1965. Pour les experts de longue date de la pauvreté que sont Danziger, Haveman et Plotnick [1], il ne fait aucun doute que les stratégies de soutien du revenu jouent un rôle fondamental dans la lutte contre la pauvreté, de même bien sûr que la prospérité économique, la création d'emplois bien rémunérés réduisent directement la pauvreté.

---

(1) Sheldon H. Danziger, Robert H. Haveman and Robert D. Plotnick, « Antipoverty Policy : Effects on the Poor and the Nonpoor », *Fighting Poverty, What Works and What Doesn't,* edited by Sheldon H. Danziger and Daniel H. Weinberg, Cambridge, Mass., Harvard University Press, 1986, pp. 50-77.

tableau 9

Pauvreté. Nombre et pourcentage de personnes pauvres par catégories diverses, 1960-1985

	1960	1965	1970	1975	1980	1981	1982	1983	1984	1985
1a. Nb. de personnes (en millions)	39,9	33,2	25,4	25,9	29,3	31,8	34,3	35,3	33,7	33,1
1b. Taux de pauvreté (%)	22,2	17,3	12,6	12,3	13,0	14,0	15,0	15,2	14,4	14,0
2. Taux de pauvreté, 65 ans et + (%)	35,2 (1959)	28,5 (1966)	24,6	15,3	15,7	15,3	14,6	13,8	12,4	12,6
3a. Taux de pauvreté Blancs (%)	17,8	13,3	9,9	9,7	10,2	11,1	12,0	12,1	11,5	11,4
3b. Taux de pauvreté Noirs (%)	55,1 (1959)	41,8 (1966)	33,5	31,3	32,5	34,2	35,6	35,7	33,8	31,3
4a. Taux de pauvreté Enfants - 18 ans (%)	26,5	20,7	14,9	16,8	17,9	19,5	21,3	21,8	21,0	20,1
4b. Taux de pauvreté Enfants blancs - 18 ans (%)	20,0	14,4	10,5	12,5	13,4	14,7	16,5	17,0	16,1	15,6
4c. Taux de pauvreté Enfants noirs - 18 ans (%)	65,5 (1959)	50,6 (1966)	41,5	41,4	42,1	44,9	47,3	46,2	46,2	43,1

Sources : *Consumer Income*, Série P- 60, n° 154, tableau 16 (extraits)
Série P- 23, n° 150, tableaux A-1 et A-2 (extraits).

b) L'accès à un emploi bien rémunéré est en effet déterminant pour prévenir la pauvreté. Les pauvres ne sont pas que des personnes sans travail ou des personnes incapables de travailler. Nous avons évoqué à plusieurs reprises la situation dramatique des *bas-salariés, les working poor*, qui, bien que travaillant régulièrement, souvent à plein temps, touchent un salaire si bas qu'ils ne peuvent atteindre le seuil de pauvreté. En 1985, 9,1 millions de personnes pauvres, âgées de plus de 15 ans, soit 41,5 % des pauvres de plus de 15 ans, travaillaient. Parmi eux 32,7 % ont travaillé toute l'année, dont les deux tiers à plein temps. Comme il en a été fait mention, cette catégorie de pauvres, parce qu'il s'agit de travailleurs, ne bénéficie d'aucune aide gouvernementale (à l'exception des coupons d'alimentation), ni d'aucune protection sociale ou sanitaire.

c) Les *personnes âgées* constituent traditionnellement une catégorie sociale très vulnérable à la pauvreté. Leur situation s'est cependant considérablement améliorée depuis le début des années soixante-dix grâce à l'indexation régulière au coût de la vie de l'assurance-vieillesse et à la création en 1972 du *Supplementary Security Income - SSI* (voir supra). Etant donné que les personnes âgées sont, pour leur grande majorité, retirées du travail, elles constituent une catégorie sociale par rapport à laquelle il est aisé de mesurer l'effet direct des politiques de transferts. Tous les analystes s'accordent pour reconnaître la grande efficacité de ces politiques. Elles sont, de loin, la première cause de la réduction de la pauvreté qui frappait plus d'une personne âgée sur trois au début des années soixante et n'en touche plus actuellement qu'une sur huit.

d) Le phénomène des *familles monoparentales* dirigées par une femme, qui n'a cessé de prendre de l'ampleur depuis le début des années soixante, constitue une source importante d'augmentation de la pauvreté. Le tableau 10 lui est consacré. On remarquera d'abord l'augmentation régulière du nombre de personnes vivant dans ce type de familles entre 1960 et 1985 : + 53 %, qu'il faut comparer à la diminution de 17 % du nombre total de pauvres au cours de ces vingt-cinq années. En d'autres termes, si en 1960 seule une personne pauvre sur quatre vivait dans une famille monoparentale dirigée par une femme, cette

Tableau 10

Pauvreté. Nombre et pourcentage de personnes pauvres vivant dans des familles monoparentales dirigées par une femme, par catégories diverses, 1960-1985

	1960	1965	1970	1975	1980	1981	1982	1983	1984	1985
1a. Nb de personnes (en millions)	10,7	11,1	11,2	12,3	14,6	15,7	16,3	16,7	16,4	16,4
1b. Taux de pauvreté (%)	49,5	46,0	38,2	34,6	33,8	35,2	36,2	35,6	34,0	33,5
2a. Taux de pauvreté Blancs (%)	42,3	38,5	31,4	28,1	27,1	28,4	28,7	28,3	27,3	27,3
2b. Taux de pauvreté Noirs (%)	70,0 (1959)	65,1 (1966)	58,8	53,6	53,1	55,8	57,4	55,9	52,9	51,8
3a. Taux de pauvreté Enfants - 18 ans (%)	68,4	64,2	53,0	52,7	50,8	52,3	56,0	55,4	54,0	53,6
3b. Taux de pauvreté Enfants blancs - 18 ans (%)	59,9	52,9	43,1	44,2	41,6	42,8	46,5	47,1	45,9	45,2
3c. Taux de pauvreté Enfants noirs - 18 ans (%)	81,6 (1959)	76,6 (1966)	67,7	66,0	64,8	67,7	70,7	68,3	66,2	66,9

Sources : *Consumer Income*, Série P. 60, *n° 154, tableau 16 (extraits)*

situation était, en 1985, le fait d'une personne sur deux (voir tableau 11).

La composante raciale de cette évolution est également très frappante : alors que le pourcentage de personnes blanches pauvres vivant dans des familles monoparentales dirigées par une femme par rapport au nombre total des Blancs pauvres progressait de 17,6 points de pourcentage entre 1960 et 1985, celui des personnes noires, dans des conditions identiques, augmentait de 40,4 points pendant cette même période. Pour le dire autrement : à partir d'une situation presque équivalente en 1960, le fossé se creuse entre

Tableau 11

Pauvreté. Pourcentage du nombre de personnes pauvres vivant dans des familles monoparentales dirigées par une femme, par rapport au nombre total des personnes pauvres, par catégories diverses, 1960-1985

	1960	1965	1970	1975	1980	1985
Personnes pauvres vivant dans des familles monoparentales par rapport à l'ensemble des personnes pauvres (%)	27,3	33,4	44,1	47,5	49,8	49,6
Personnes pauvres blanches... (%)	25,4	31,6	38,9	41,0	43,7	42,8
Personnes pauvres noires... (%)	29,3 (1959)	42,5 (1966)	56,0	64,0	67,4	69,7

Sources : Pourcentages calculés à partir des données de : *Consumer Income*, série P- 60, n° 154, tableau 16 (extraits).

les Blancs pauvres, dont un peu plus de 4 sur 10 vivent dans une famille monoparentale en 1985, et les Noirs pauvres, dont 7 sur 10 vivent dans ce type de famille.

L'augmentation du nombre de familles mono-parentales contribue directement au processus de féminisation de la pauvreté (en 1985, 57,2 % des pauvres sont de sexe féminin), ainsi qu'à l'accroisse-ment régulier du pourcentage d'enfants pauvres qui passe de 13,8 % en 1969 à plus de 21,8 % en 1983, la pire des années de la décennie. En d'autres termes, à cette date, plus d'un enfant américain sur cinq vivait dans la pauvreté. Le clivage racial est là encore exorbitant : 17 % des enfants blancs étaient pauvres en 1983 (par rapport à 9,7 % en 1969), alors que 46,2 % des enfants noirs (par rapport à 39,6 % en 1969) connaissaient la pauvreté en 1983. La situation s'est très légèrement améliorée tant pour les enfants blancs que pour les enfants noirs en 1985. Si l'on considère la situation des enfants vivant dans des familles monoparentales dirigées par une femme, on constate que 55,4 % de l'ensemble de ces enfants, soit 47,1 % des Blancs et 68,3 % des Noirs, étaient pauvres en 1983. Femmes et enfants sont indéniablement les plus touchés par la pauvreté au cours de cette décennie. S'ils sont Noirs, de surcroît, leur situation est proprement catastrophique.

Il ne fait aucun doute que la structure monoparentale d'une famille, surtout si son chef est une femme, ce qui se produit dans l'immense majorité des cas, augmente considérablement les risques de pauvreté. Ce phénomène est relié à la fois aux caractéristiques du système de la politique sociale et au marché de l'emploi. Nous l'avons souligné, la clientèle du programme AFDC provient principalement de ce type de familles. C'est le programme qui a subi le plus de réductions et de restrictions de la part de l'administration Reagan et qui, selon les États, combiné aux coupons d'alimentation, ne permet que d'atteindre de 35 % à 74 % du seuil de pauvreté. Il n'existe en outre pas d'allocations familiales dans le système américain de protection sociale. Mais ce type de famille est particulièrement vulnérable à la pauvreté à cause des caractéristiques du marché du travail qui, en réservant aux femmes des emplois moins bien rémunérés, particulièrement précaires et peu qualifiés, ne permet qu'à peu d'entre elles d'échapper à la pauvreté. Une relation pernicieuse s'est établie dès les années soixante-dix entre le développement très rapide du secteur des services et l'arrivée massive des femmes sur le marché du travail, prêtes à accepter des emplois peu rémunérés et peu protégés, qui sont non seulement la caractéristique d'une partie de ce secteur de l'économie — on l'a souligné précédemment — mais la condition de la poursuite de son expansion. Le phénomène de la pauvreté des femmes et de leurs enfants, lorsqu'elles travaillent tout en dirigeant une famille, est inséparable de cette évolution du marché de l'emploi (1).

e) Les *Noirs,* qui constituent 12 % de la population américaine, portent plus que leur part du fardeau de la pauvreté. Un tiers des Noirs vit dans la pauvreté, comparativement à un neuvième pour les Blancs. Le taux de pauvreté des enfants noirs est également trois fois plus élevé que celui des enfants blancs, atteignant 43 % en 1985. C'est donc dire que plus de 4 enfants noirs sur 10 connaissent la pauvreté, proportion qui atteint près de 7 enfants sur 10 dans les familles monoparentales noires, celles-ci constituant d'ailleurs plus des deux tiers des Noirs vivant dans la pauvreté. Beaucoup d'analyses, en particulier conservatrices, considèrent le problème des grossesses d'adolescentes noires comme cause première du très grand nombre d'enfants élevés dans la pauvreté. Sans nier l'importance de cette situation, il importe cependant de la situer dans le contexte plus vaste du phénomène du sous-prolétariat urbain noir, du chômage très étendu qui frappait près de 50 % des jeunes Noirs entre 1980 et 1984. En fait, les jeunes Noirs se retirent de plus en plus nombreux de la force de travail. Leur participation au marché du travail n'a cessé de décroître, depuis 1960, passant de 45,6 % à 21,1 % en 1983 pour les 16-17 ans, de 71,2 % à 50,3 % pour les 18-19 ans, de 90,4 % à 74 % pour les 20-24 ans, alors que la participation des jeunes Blancs n'a simultanément diminué que d'à peine quelques points de pourcentage (2). En décembre 1983, seuls 20,9 % des jeunes Noirs de

(1) Joan Smith, « The Paradox of Women's Poverty : Wage-earning Women and Economic Transformation », *Signs,* hiver 1984, vol. 10, n° 2, pp. 291-310.
(2) William Julius Wilson, « The Urban Underclass », *Minority Report,* ed. by Leslie W. Dunbar, New York, Pantheon, 1984, p. 105.

16 à 19 ans (comparativement à 45,5 % des jeunes Blancs) et 54,1 % (73,5 %) des jeunes Noirs de 20 à 24 ans occupaient un emploi (1), illustrant ce double phénomène de désertion du marché du travail et d'absence d'emplois disponibles pour ces catégories. La fréquentation scolaire des jeunes Noirs diminue également de façon régulière depuis le milieu des années soixante-dix. La relation entre cette détérioration du comportement des jeunes Noirs à l'égard du travail, leur désœuvrement et la croissance des grossesses d'adolescentes a été clairement établie par une enquête du *Washington Post* en 1986 (2) : près de la moitié d'un millier de jeunes hommes noirs au chômage interrogés admettent avoir donné naissance à au moins un enfant, tout en refusant d'assumer des responsabilités familiales à cause des charges financières trop lourdes pour un chômeur qui se décrit spontanément comme n'ayant aucune chance de trouver de l'emploi.

Les conséquences de la pauvreté de ce sous-prolétariat urbain sont les plus dramatiques dans le domaine de la criminalité. Que ce soit à Chicago, à Détroit ou à Los Angeles, les gangs de jeunes ont proliféré au cours des années quatre-vingt. Il y a eu 74 assassinats de jeunes de moins de 17 ans à Chicago en 1984, 223 tentatives de meurtres et 36 meurtres de jeunes de moins de 17 ans à Détroit en 1985, 112 à Los Angeles la même année. La très grande majorité des victimes sont noires. En 1983, 6 822 hommes noirs ont été assassinés aux États-Unis, presque autant que de Noirs tués au cours de toute la guerre du Viêt-nam. Un Noir a un risque sur 21 d'être la victime d'un meurtre, alors qu'un Blanc en a

(1) Wilson, *op. cit.,* pp. 106-107.
(2) *Washington Post,* National Weekly Edition, 3 mars 1985, p. 32.

un sur 131 de subir le même sort. Les femmes noires ont un risque sur 104, les Blanches, un sur 369. 95 % des meurtres de jeunes Noirs entre 15 et 34 ans sont commis par d'autres jeunes Noirs. 34 % de toutes les victimes de meurtres aux États-Unis sont des hommes noirs, alors qu'ils ne constituent que 5,6 % de la population américaine. 46 % des personnes emprisonnées sont de race noire, alors que la population noire ne compte que pour 12 % de la population américaine (1). Ces chiffres hallucinants illustrent la situation économique et sociale extrêmement précaire d'un bon tiers des Noirs américains. Cette situation est même si dramatique qu'elle contribue, malgré l'essor d'une confortable classe moyenne noire évaluée à un autre tiers de la population, à produire des résultats statistiques globaux systématiquement très défavorables pour les Noirs. Pour n'en citer que quelques-uns pour l'année 1984 : l'espérance de vie à la naissance est de 65,5 ans pour les Noirs, 71,8 pour les Blancs, 73,7 pour les Noires, 78,8 pour les Blanches ; le taux de mortalité infantile atteint 19,2 ‰ pour les Noirs, 9,7 ‰ pour les Blancs ; 58,2 % des enfants noirs, 12,8 % des enfants blancs naissent en dehors des liens du mariage ; le taux de chômage des Noirs de plus de 20 ans était de 14,9 %, celui des Blancs, de 5,9 % en décembre 1985 ; le revenu familial médian atteignait 15 432 $ pour les Noirs et 27 686 $ pour les Blancs en 1984 — le bureau des Statistiques du travail estimait alors qu'une famille de quatre personnes devait pouvoir compter sur un revenu de 18 817 $ pour soutenir un « bas » niveau de vie —, et enfin, rappelons-le, 33,8 % des Noirs et 11,5 % des Blancs vivaient dans la pauvreté cette année-là (2).

(1) *Washington Post*, National Weekly Edition, 3 février 1985, pp. 10-11, 17 mars 1986, pp. 7-8.
(2) *Washington Post*, National Weekly Edition, 3 février 1985, p. 11.

Les réductions de programmes sociaux, les mesures fiscales de 1981 et de 1985, défavorables aux revenus inférieurs à 20 000 $, conjuguées aux effets de la récession, ont frappé de façon disproportionnée les Noirs, accélérant le processus de dualisation de la société américaine, particulièrement évident dans la communauté noire.

Conclusion

Le reaganisme, en matière de politique sociale, met explicitement en cause les grands principes de redistribution relative de la richesse, de protection sociale, de prévention des risques, de réglementation des activités privées lorsqu'elles entrent directement en conflit avec les intérêts collectifs, de participation au développement social qui sont à la base de l'édification de l'État-providence. Il bouleverse non seulement l'organisation du travail, les politiques d'intégration sociale et raciale, l'aide aux plus démunis, mais aussi les liens de profonde interdépendance qu'entretiennent les classes moyennes et l'État-providence.

Que la société américaine se soit engagée au cours des années quatre-vingt dans un processus actif de dualisation, et donc de clivages sociaux, économiques, sexuels, raciaux croissants, ne fait aucun doute. L'intervention reaganienne entraîne spécifiquement une accélération de ce processus en abandonnant les objectifs poursuivis par la politique sociale de produire une société relativement intégrée, relativement participative et sécuritaire.

Comment un tel retournement des orientations de la politique sociale a-t-il pu être possible en moins d'une décennie ? Comment expliquer dans ce contexte la constante popularité du président Reagan, du moins jusqu'à l'éclatement du scandale des ventes d'armes à l'Iran à la fin de 1986 ?

Pour les conservateurs, la réponse est claire : le peuple en avait assez de la domination arrogante de Washington sur la gestion de la politique intérieure des États, des communautés locales et, en dernier ressort, des individus qui, de toute façon, ne cessent d'alimenter par leurs impôts un appareil sur lequel ils n'ont aucune prise. Le peuple travailleur en avait également assez de « payer pour les pauvres », de voir les syndicats contrôler l'accès à l'emploi bien rémunéré, d'assister à la diminution régulière de son pouvoir d'achat alors même que ne cessait d'augmenter son fardeau fiscal. Le peuple a donc choisi, par deux fois, en 1980 et en 1984, un président capable de comprendre cette profonde insatisfaction et d'insuffler une vigoureuse réorientation à la politique intérieure en vue de relancer l'emploi, de restaurer le pouvoir d'achat, de ramener la confiance et la liberté.

Que le peuple américain ait choisi en 1980 Ronald Reagan pour président fut l'expression, de l'avis quasi unanime des analystes, d'une lassitude profonde de l'électorat à l'égard de la gestion de Jimmy Carter, incapable de conjurer le déclin de la puissance économique et politique des États-Unis. L'inflation, et donc l'affaiblissement constant du pouvoir d'achat, le chômage constituèrent des facteurs déterminants de l'attrait pour le candidat Reagan. En 1984, c'est grâce à une reprise économique exceptionnelle, après la récession de 1981-82, que le président fut réélu. Dans un pays où l'autonomie et la responsabilité individuelles à l'égard du travail et du revenu sont sans cesse exaltées, où, pratiquement, on l'a vu, l'individu est, plus que dans aucun autre pays industrialisé, seul face aux risques de la vie, ne pouvant compter que sur une protection sociale limitée, où la sollicitation de la consommation est constante et où l'individu moyen est endetté de plusieurs dizaines de milliers de dollars, il est évident que les critères de l'emploi et du revenu constituent un élément décisif dans le processus électoral. Le candidat qui semblera le plus crédible sur les questions du travail et du pouvoir d'achat l'emportera.

C'est très exactement ce qui s'est passé en 1980 et en 1984 et que les sondages d'opinion ont régulièrement confirmé. Les électeurs ont surtout choisi Reagan pour ses promesses de relance économique en 1980 et pour les prouesses de l'économie en 1984, dont il ne manqua pas de s'attribuer les mérites. Ils n'ont certainement pas choisi Reagan pour le programme conservateur de son parti. De toute façon, les programmes des partis intéressent peu l'électorat aux États-Unis qui, dans sa grande majorité, les ignore. Seule une élite accède à une connaissance et à une compréhension globales d'un projet politique promu par un parti. Les décisions électorales individuelles sont essentiellement pragmatiques.

Au plan économique, l'administration conservatrice a pris des décisions majeures, très rentables électoralement. L'instauration de ce que certains appellent un « capitalisme populaire », facilitant et encourageant la détention d'actions et donc la spéculation boursière ; le choix d'une politique monétariste et d'une vigoureuse intervention sur les taux d'intérêts de la part de la Réserve fédérale, permettant d'exercer un certain contrôle sur l'évolution de la situation économique, comme cela fut explicitement le cas dans les mois qui ont précédé l'élection de 1984 ; la réduction draconienne des impôts, sans cependant diminuer les dépenses, représentent autant de mesures qui contribuent directement à faire illusion sur la santé réelle de l'économie et à masquer les effets du déclin industriel

187

sur les emplois et les revenus. Mais cette stratégie que la plupart des spécialistes jugent insoutenable a un prix : celui d'un double déficit — budgétaire et commercial — gigantesque, susceptible de plonger non seulement le pays, mais l'économie mondiale dans l'abîme d'une dépression. Un pays de l'importance des États-Unis ne peut vivre indéfiniment à crédit, fût-ce pour des raisons de stratégie électorale, sans conséquences économiques majeures.

Pour mieux apprécier la nature et l'importance réelles du soutien populaire accordé au président, il faut noter qu'un président n'est généralement élu que par environ 30 % des électeurs puisque la participation électorale dépasse rarement 60 % et que l'écart séparant les candidats démocrate et républicain n'est le plus souvent que de quelques points. Le droit de participer au vote requiert en outre une démarche individuelle préalable d'inscription sur les listes électorales. Autant dire que les pauvres, les illettrés, les petits salariés, les travailleurs précaires et, bien évidemment, les travailleurs illégaux, soit au total au moins un quart de la force de travail, sont presque automatiquement exclus du processus de vote.

Au cours des deux dernières élections, l'état-major du parti républicain, fort du soutien massif des grands industriels et financiers, a fait preuve d'une maîtrise toute nouvelle du marketing électoral et des stratégies de mobilisation. Grâce à l'utilisation intensive des ordinateurs et de mécanismes de sondage permanent, il est devenu possible pour le parti républicain, et pour lui seulement, de connaître l'état de l'opinion publique de façon constante, sur l'ensemble du territoire, pour des unités de population ne dépassant pas un millier de personnes. Par la maîtrise des médias, de la télévision en particulier, tant au niveau national que local, et par le développement de la stratégie des *single issues* — c'est-à-dire la concentration du débat politique sur une seule question en fonction de laquelle est construite la mobilisation populaire, telle que l'avortement, la prière dans les écoles, le port des armes, etc. —, l'organisation du parti a été constamment en mesure d'imposer les termes du débat politique. L'articulation de cette stratégie avec la capacité de connaître de façon raffinée et constante l'état de l'opinion publique a permis de diriger les ressources financières tout particulièrement vers les circonscriptions électorales où la décision semblait incertaine ou défavorable au candidat républicain. Si le peuple a choisi Ronald Reagan, figure médiatique par excellence, il faut souligner ici cependant que le parti républicain, malgré l'extraordinaire support logistique mis en œuvre, n'a pas réussi à renverser la majorité démocrate au Congrès, ni en 1980, ni en 1984.

Certes, on l'a mentionné, un certain nombre d'élus démocrates défendent des positions très conservatrices en matière de politique sociale, et un Congrès à majorité démocrate n'est, en ce sens, pas une garantie que la politique reaganienne soit mise en échec. Il faut cependant rappeler la dualité du système de protection sociale américain, avec son régime de sécurité sociale et son régime de *Welfare*. Au-delà des réductions de programmes relatives au *Welfare,* à propos desquelles l'administration Reagan pouvait être assurée d'obtenir facilement l'appui des contribuables, il est certain que celle-ci visait en réalité, lors de son premier mandat, à démanteler l'ensemble du système de sécurité sociale. Elle en fut tout simplement empêchée à cause de l'attachement très large des contribuables à cette institution, qui, sondage après sondage, ne cesse d'être confirmé. Sans doute, l'appui au régime du *Welfare* est-il beaucoup plus fragile, mais la nécessité et la légitimité de mesures minimales d'aide sont largement reconnues et acceptées.

De l'ensemble de ces commentaires, on doit retenir en conclusion qu'il n'est pas du tout certain que la stratégie de l'administration Reagan à l'égard de la politique sociale soit comprise dans sa globalité, ou approuvée par une majorité de citoyens. Elle n'a toujours fait l'objet que de débats très partiels, où il n'était le plus souvent pas difficile de recueillir une adhésion populaire lorsqu'on évoque la fraude présumée des prestataires ou la paresse des chômeurs.

Une telle stratégie est cependant inquiétante, non seulement au plan économique — on l'a mentionné — mais au plan politique. Car, à force de chercher à dissoudre l'attachement des classes pauvres et des classes moyennes aux institutions de la politique sociale, à dissocier systématiquement leurs intérêts, à valoriser l'initiative privée, à faire systématiquement prévaloir les intérêts privés sur les intérêts collectifs dans des domaines aussi sensibles que la santé et la sécurité financière, à favoriser le développement d'un gouvernement plus directement soumis que jamais aux intérêts corporatistes en matière de politique intérieure, c'est l'autorité et la légitimité mêmes de l'État qui se trouvent menacées. Avec la dette gigantesque qu'il a engendrée, la nouvelle philosophie fiscale qu'il a inaugurée, le processus étendu de privatisations des biens publics et la marginalisation de nombreuses couches de la société qu'il a consacrés, le reaganisme laissera sans doute un héritage lourd de conséquences.

Berkeley et Montréal, août 1987

Suggestions bibliographiques en français

1. Sur les États-Unis en général :

Nicole Bernheim, *Les années Reagan,* Paris, Stock, 1984.

Léo Sauvage, *Les Américains,* Paris, Marabout, 1983.

Michel Crozier, *Le mal américain,* Paris, Fayard, 1980.

Georges-Albert Astre, *Situation de l'idéologie aux USA,* Paris, Lettres modernes, 1980.

2. Sur le système politique et économique américain :

Jacques Arnault, *La démocratie à Washington,* Paris, Editions sociales, 1980.

Georges-Albert Astre et Pierre Lépinasse, *La démocratie contrariée, lobbies et jeux du pouvoir aux États-Unis,* Paris, La Découverte, 1985.

Marianne Debouzy, *Travail et travailleurs aux États-Unis,* Paris, La Découverte, 1984.

Jean Rivière, *Les États-Unis à l'horizon de la troisième révolution industrielle,* Nancy, Presses universitaires de Nancy, 1986.

Revue française d'études américaines, numéro spécial « Economie et pouvoirs aux États-Unis », nᵒˢ 21-22, novembre 1984.

3. Sur la politique sociale américaine :

Jean-Jacques Chaban-Delmas et Jean-François Pons, *La protection sociale aux États-Unis,* Paris, La Documentation française, Notes et Études documentaires, n°s 4743-4744, 1983.

Jean Heffer, *La sécurité sociale aux États-Unis,* Centre de recherches d'histoire nord-américaine, Université de Paris I, 1982.

Revue internationale d'action communautaire, « La pauvreté : raison d'État, affaire de cœur », 16/56, 1986.

*Cet ouvrage a été réalisé sur
Système Cameron
par la SOCIÉTÉ NOUVELLE FIRMIN-DIDOT
Mesnil-sur-l'Estrée
pour le compte des Éditions Syros
le 9 mars 1988*

Imprimé en France
Dépôt légal : mars 1988
N° d'édition : 368 – N° d'impression : 9052